식물생활

시작해요!

소소익선 ③

시작해요!
식물생활

주부의 벗사 편집부 엮음 ― 김수정 옮김

즐거운상상

prologue

식물을 키우는 분들이 점점 늘고 있습니다.

식물을 하나 두는 것만으로 표정 없는 공간이 순식간에 마음이 따뜻해지는 신비한 공간으로 변하지요. 이것은 식물이 주는 '치유의 힘'이라고 밖에 설명할 수 없습니다.

식물을 키워보고는 싶지만 '관리가 힘들 것 같아서', '금방 시들어버리니까' 이런 걱정으로 구입을 망설이는 분들도 계실 거예요. 이 책은 키우기 쉬운 미니식물부터 대형 사이즈의 관엽식물, 다육식물, 에어플랜츠까지 다 알려드립니다.

또 식물을 인테리어 소품으로 활용하는 법, 식물과 친해지고 잘 사귀는 법, 식물 관리법, 문제가 생겼을 때 대처법 Q&A까지 자세히 정리했습니다.

식물은 아무 말이 없지만 매순간 살아있는 존재입니다. 식물과 잘 사귀다보면 새싹을 올리고 꽃을 피워내는 등 아름다운 변화를 보여줍니다.

식물을 키우는 매일은 새로운 발견의 연속! 이 책을 읽고 소중한 나만의 '화분 하나'를 만나 즐거운 '식물 생활'을 시작해보세요.

안쪽부터 시계 방향으로 싱고니움 프렌치 마블(Syngonium Albo Variegated 'French Marble'), 포이소이금(Euphorbia poissonii f.variegata), 필레아페페 로미오이데스(Pilea peperomioides)

CONTENTS

CHAPTER 1
식물 카페 &
식물 집사들의 공간
센스있게 식물을 즐긴다

식물의 힘을 체감
식물 카페에서 힐링하고 싶어! 12
- CAFE #1 HANA BIYORI관 14
- CAFE #2 SORAYA 18
- CAFE #3 ROUTE BOOKS 24

식물은 삶의 동반자
식물 집사들의 식물 생활 30
- PLANTS LOVER 1 모니 씨 31
- PLANTS LOVER 2 kyabetsunosengiri 씨 34
- PLANTS LOVER 3 naoko 씨 36
- PLANTS LOVER 4 mikko 씨 38
- PLANTS LOVER 5 noako7 씨 40

전문가에게 물었습니다
식물이 있는 편안한 공간 만드는 법 42

전문가가 알려주는
식물을 세련되게 장식하는 5가지 기술 44

CHAPTER 2
미니 식물
작은 자연이 있는 그린 라이프

미니 관엽식물 45
미니 관엽식물 카탈로그 48

- COLUMN 1 마음에 드는 화분으로 바꿔서 센스 업! 60
식물과 어울리는 화분을 찾자 / 모아심기? 아니요, 모듬화분입니다!

- 기본 분갈이법 미니 관엽식물 62
- 관리포인트 미니 관엽식물 64
- MEMO 작은 식물 관리에는 작은 도구가 편리
식물, 인터넷으로 실패없이 사는 법 66

멋진 비주얼에 어느새 푹 빠져요
관엽식물 추천 리스트 68

다육식물 & 선인장   **76**

다육식물 & 선인장 카탈로그   **78**

[기본 분갈이법] 다육식물 & 선인장   **83**

[관리포인트] 다육식물 & 선인장   **84**

다육식물 번식시키는 법   **86**

간단! 세련! 다육식물 & 선인장 + 잡화 멋지게 배열하는 법   **88**
심플한 접시 / 에그스탠드 / 가로로 긴 트레이 / 양철 컨테이너 / 행잉 컨테이너

틸란드시아   **92**

틸란드시아 카탈로그   **94**

[MEMO] 오래 함께 하려면 물은 이렇게 주세요

[관리포인트] 틸란드시아   **98**

[MEMO] 건강하게 키우면 꽃이 피는 품종도 있답니다

틸란드시아 디스플레이 아이디어   **100**
유목에 고정시킨다 / 경석에 고정시킨다 / 국자를 이용한다
선반에 올려놓는다 / 용기에 담아 걸어둔다

CHAPTER 3

중형 & 대형 관엽식물
공간에 다채로움과 편안함을 연출

중형 & 대형 관엽식물 카탈로그   **104**

[MEMO] 매달기만 해도 밋밋했던 공간이 금세 세련된 공간으로 변신

[기본 분갈이법 1] 중형 관엽식물   **110**

[기본 분갈이법 2] 대형 관엽식물   **112**

[관리포인트] 중형 & 대형관엽식물   **114**

[COLUMN 2] 언제까지나 아름다운 모습을 유지하는 법   **116**
기본 가지치기 / 퍼진 줄기를 자른다 / 수형과 사이즈도 그대로 유지

자주 물어보는 관엽식물 Q&A   **118**
구입할 때의 고민 / 장소에 관한 고민 / 돌볼 때의 고민 / 식물 상태에 관한 고민 / 해충 관련 고민

이 책에 나오는 원예 용어

포기
식물을 셀 때 단위. 식물 한 개

여러 줄기형
한 줄기의 뿌리에서 여러 줄기가 갈라져 올라온 모습

수형 다듬기
지나치게 뻗은 가지나 줄기를 잘라 수형을 보기좋게 다듬어주는 것

호
화분의 지름 사이즈. 1호 화분 = 약 3cm. 화분의 호수

삽목
포기의 일부를 잘라내어 발근시켜 늘리는 방법. 나무의 경우는 꺾꽂이라고 한다.

가지치기
식물의 모양을 정돈하거나 생육을 좋게 하기 위해 가지나 줄기를 잘라내는 작업

내음성
햇빛이 적은 장소에서도 생육할 수 있는 성질

내한성
0도 이하의 저온에 견딜 수 있는 성질

내서성
밤 온도 25도 이상의 고온에 견딜 수 있는 성질

덩굴성
줄기가 다른 식물에 감기거나 덩굴이 되는 성질

뿌리가 꽉 차다 / 뿌리가 돌다
화분 속에서 뿌리가 자라 화분 안쪽을 따라 뿌리가 돌아가는 것

뿌리 부패
뿌리가 썩는 것

뿌리 막힘
화분 속에서 뿌리가 자라날 여지가 없어진 상태

분형근 root ball
식물을 화분에서 뽑았을 때 뿌리와 흙이 모인 부분

바크
적송이나 흑송 등 소나무 껍데기를 건조시켜 부순 것

배양토
식물을 재배하기 위한 흙

잎꽂이
다육 식물의 잎을 떼어내어 그 잎에서 뿌리가 나오게 해서 번식시키는 방법

화분 커버
식물이 담긴 모종 화분을 담을 수 있는 한 단계 큰 화분

화분 물빠짐 구멍
흙의 배수 통기성을 좋게 하고 뿌리 부패를 막기 위한 화분 바닥 구멍

화분 깔망
물을 줬을 때 물구멍으로 흙이나 돌이 빠져 나오지 않도록 뿌리 부패를 막기 위해 화분 바닥에 까는 망

엽수
분무기로 식물의 잎에 물을 뿌려주는 것

엽소 현상 (잎 타기)
직사광선 등으로 잎이 갈색이나 흑색으로 변색되는 현상

반입
식물의 잎, 꽃 등에 바탕 색과 다른 색이 얼룩덜룩 들어가는 것

포복성
식물의 줄기나 가지가 땅을 기어가듯 뻗는 것

멀칭
식물을 심은 흙 표면을 '멀칭 소재'인 원예자재로 덮는 것

물 빠짐
고인 물 등을 배수하는 능력 또는 그 정도

로제트
'장미꽃 모양'이라는 뜻으로 잎이 방사선상으로 땅 위에 평평하게 퍼져 있는 식물의 상태

※ 주의사항
미니사이즈 관엽식물은 2.5~5호 화분, 중형 관엽식물은 6~7호 화분, 대형 관엽식물은 8~10호 화분에 심었습니다. 개체 차이나 높이차가 있을 수 있으니 참고하면 됩니다.
관엽식물은 같은 품종이라도 크기가 다를 수 있습니다. 예를 들어 미니 사이즈 '히메 몬스테라'와 중형 사이즈 '몬스테라'는 크기는 다르지만 같은 품종입니다.

CHAPTER 1

식물 카페 &
식물 집사들의 공간

센스있게 식물을 즐긴다

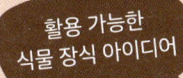
활용 가능한
식물 장식 아이디어

식물 생활이 궁금하다!

식물이 있는 생활이란 어떤 것일까요? 어떻게 해야 세련되게 장식할 수 있을까요? 힌트를 얻기 좋은 식물이 가득한 카페 3곳을 소개합니다. 집에 식물이 없어서 아쉽다면 이곳의 풍경으로 식물이 주는 편안함을 만끽해 보세요. 그리고 식물과 함께 사는 식물 집사들의 식물 생활도 들여다보기로 해요. 식물 공간 만드는 아이디어, 식물과 사귀는 법 등 식물을 즐길 수 있는 힌트가 가득!

플라워 샹들리에가 만발한 1500㎡ 넓이의 온실. 식물과 디지털을 융합한 프로젝션 매핑 등 꽃과 관련된 다양한 최신 콘텐츠를 즐길 수 있다.

※ 프로젝션 매핑(Projection Mapping)은 대상물의 표면에 빛으로 이루어진 영상을 투사하여 변화를 줌으로써, 현실에 존재하는 대상이 다른 성격을 가진 것처럼 보이도록 하는 기술이다.

○ 식물의 힘을 체감

식물 카페에서
힐링하고 싶어!

꽃과 식물에 둘러싸여
여유롭게 차 한 잔 즐길 수 있는 식물 카페.
집에 쉽게 들여놓기 힘든 식물로 가득한 멋진 공간!
식물을 즐길 수 있는 카페 3곳을 소개합니다.

CAFE #1

HANA BIYORI관

플라워 샹들리에가 압권!

**꽃과 식물이 주는
치유와 즐거움을 만끽할 수 있다**

녹음이 우거진 다마구릉에 개장한 엔터테인먼트형 플라워 파크인 'HANA BIYORI'. 코너마다 다른 얼굴을 보여주는 정원을 지나 넓은 온실인 HANA BIYORI관으로 들어서면 포근한 꽃향기에 힐링이 되고 중앙의 커다란 심볼트리에 압도됩니다.

프로젝션 매핑쇼와 수조와 식물을 즐길 수 있는 카페 등 친구나 가족과 함께 즐길 수 있는 시설이 많습니다. 특히 사계절 꽃으로 가득한 이곳의 식물 관리 방법은 눈여겨 볼만합니다. 넓은 공간에 물을 주어야하므로 자동 관수 시스템을 쓰고 있습니다.

온실 내 벽 등을 장식한 화분은 직원이 매일 꼼꼼히 체크. 식물에게 최고의 환경이 되도록 노력하고 있는 곳. 정성을 다해 관리하는 식물 덕에 제대로 힐링할 수 있는 공간입니다.

화분의 기울기에도 세심하게 신경 써서 꽃이 아름답게 보이는 각도로 진열

1 계절꽃을 심은 화분을 비스듬히 세워서 디스플레이한 '벽면 화단'. 식물에 부담을 줄 수 있어서 오픈 초기에는 상태를 보면서 최선의 기울기를 찾았다고 한다.
2 HANA BIYORI관의 심볼트리로, 온실 한가운데 듬직하게 자리 잡고 있는 팔로 보라초(Palo borracho 술 취한 나무). 원산지는 파라과이로 나이가 약 400살.
3 햇빛이 비치던 온실이 암전되면 아트쇼가 열린다.

온실 한쪽에 천장에 매달기 전후의 화분을 걸어놓는 양생용 랙이 있어 행잉용 식물을 가까이서 볼 수 있다.

| SHOP DATA | 플라워 파크 HANA BIYORI 안에 있는 온실. 테마파크 요미우리 랜드 옆에 자연과 교류할 수 있는 공간으로 오픈. |

HANA BOYORI관

📍 도쿄도 이나기시 야노구치 4015-1
ℹ️ 입장료 있음. 자세한 것은 홈페이지 확인
🔗 http://www.yomiuriland.com/hanabiyori

카페 가운데에 홍콩야자(세플레라)를 심었다. 천장에 매달린 식물들 사이로 비치는 햇살과 청량한 물소리가 마음에 평화를 가져다준다.

사계절 정원을 바라볼 수 있는 남쪽의 실내 테라스석. 태풍 피해로 쓰러진 나무를 재활용해 만든 테이블과 의자를 두었다. 환경도 생각하는 공간.

HANA BIYORI관 안에 있는 스타벅스. 간판도 진짜 식물. 음식과 음료를 꽃과 초록 식물로 둘러싸인 공간에서 즐길 수 있다.

오키나와 바다를 수놓던 1200여 마리의 바닷물고기가 보석처럼 헤엄치는 아쿠아리움을 바라보며 커피를 마실 수 있다.

식물을 재배하는 구역과 융합되어 수족관이 공간 속으로 배어나오는 듯한 느낌이 드는 특등석도 있다.

한없이 투명한 수조와 다양한 물고기에 주목!

식물, 열대어, 가든
자연으로 둘러싸여 있어요
마음에 드는 자리에
앉아보세요

유리 테이블 밑에도 식물을 두었다. 집 인테리어에도 활용해 볼 수 있는 아이디어가 여기저기에. 작은 꽃병에 꽂는 꽃은 일주일마다 바꾼다.

사계절 내내 다양한 발견을 할 수 있는 디스플레이 코너.

크리스마스나 할로윈, 봄에는 벚꽃을 장식하는 등 행사나 계절에 맞춰 카페 공간을 꾸민다.

CAFE #2

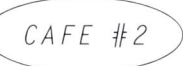

SORAYA

가족 방문자에게도 인기
누구나 힐링할 수 있는 초록 공간

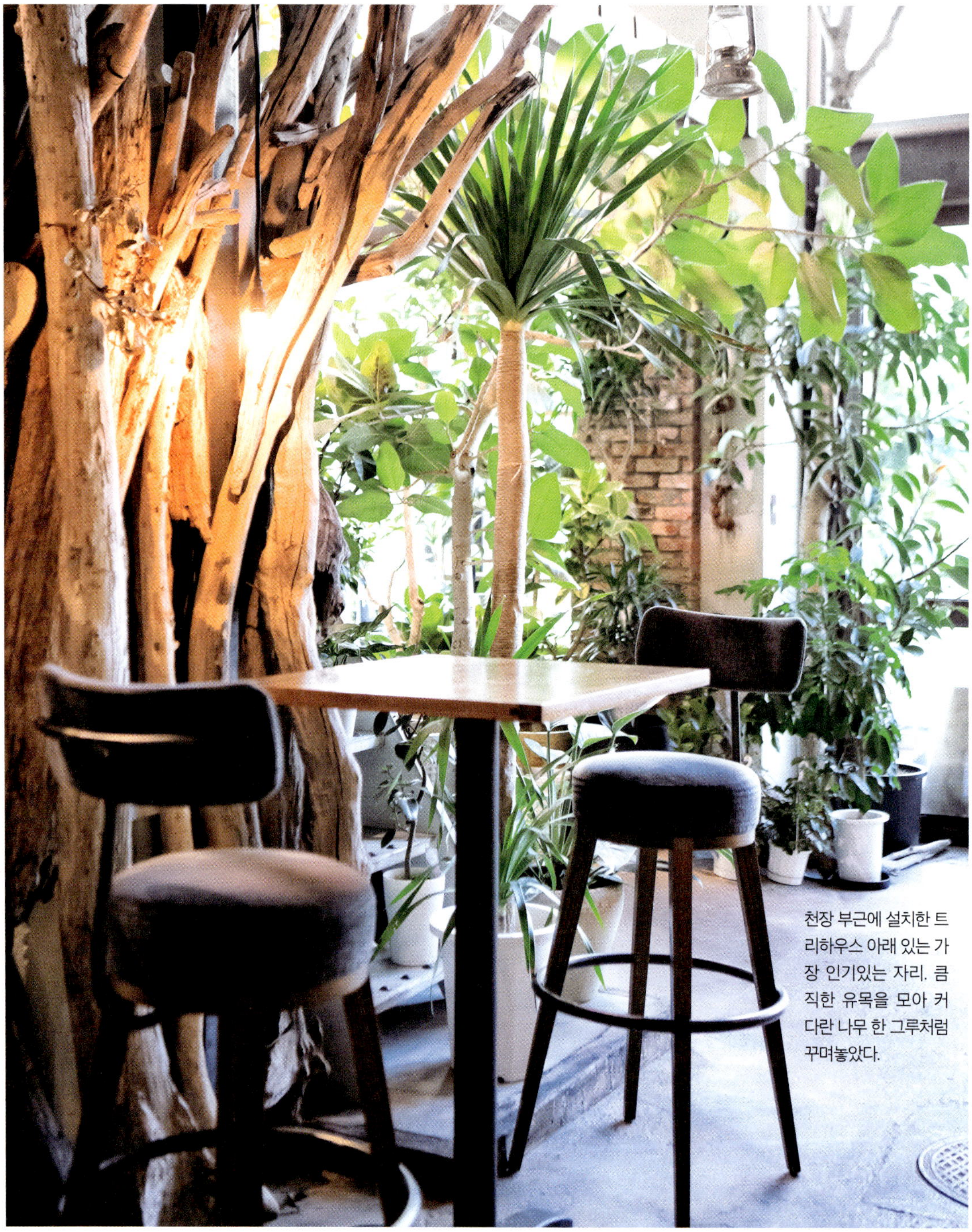

천장 부근에 설치한 트리하우스 아래 있는 가장 인기있는 자리. 큼직한 유목을 모아 커다란 나무 한 그루처럼 꾸며놓았다.

1 원래는 쇼룸으로 쓴 건물. 층고 5.3m의 뻥 뚫린 공간으로 햇빛이 쏟아져내린다. 높은 천장에는 투박한 라이트와 행잉 식물을 매달아 두었다.
2 SORAYA가 입점한 건물은 사진관과 공방, 인테리어 디자인 사무소 등 다양한 전문가들이 모인 복합시설 YANE.

SHOP DATA

SORAYA

도쿄 몬젠나카초에 있는 초록이 넘치는 카페 & 레스토랑 SORAYA. 카페 안에는 함께 운영하는 화원 MICAN과의 콜라보 덕분에 아름다운 식물들이 빽빽이 늘어서 있다.

📍 도쿄도 고토구 토미오카 2-4-4 다나베 코포 1층
🖥 http://yane.site/shop/soraya/

식물이 가진 매력과 힘이 마음을 위로해준다

카페 & 레스토랑 SORAYA는 높은 천장을 살린 실내 공간과 마치 숲속에 온 듯한 보태니컬한 느낌으로 인기있는 곳입니다. 오너인 다니와키 씨가 동료와 함께 실내 인테리어를 하고 가구도 직접 만들었다고 합니다. 세련미가 느껴지면서도 마음이 여유로워지는 공간입니다.

"도심을 벗어난 여유로움에 더해진 따뜻한 분위기와 식물의 효과가 아닐까요?"라고 매력 포인트를 분석하는 다니와키 씨. 식물 판매와 매장 내 식물 관리를 맡고 있는 MIKAN의 호소가네 씨와는 업무상 20년 가까이 알고 지낸 인연. 누구나 힐링할 수 있는 '초록으로 가득한 카페'를 만들기로 의기투합했다고.

"사실 식물 관리의 어려움 때문에 이렇게까지 식물로 가득 찬 카페를 운영하기가 쉽지는 않아요. 하지만 식물의 매력과 치유의 힘을 느낄 수 있어서 무척 기쁩니다"라는 다니와키 씨.

매장 내 습도 등을 최대한 조절하며 식물이 건강한 상태를 유지할 수 있도록 세심하게 돌보고 있습니다.

2층 가구 아틀리에의 유리 칸막이에도 공들인 디자인을 채택. 수제와 앤티크 가구는 인테리어 전문가들에게도 호평을 받고 있다.

위쪽은 시크한 소파가 있는 로프트석. 아래는 카페 앞의 식물을 바라볼 수 있는 특등석. 바깥에는 초록으로 둘러싸인 테라스석도 있다.

작은 화분으로 장식한 큰 테이블. 안쪽에는 긴 의자와 쿠션으로 편히 쉴 수 있는 자리가 있다. 파티션 대신 놓은 책장에는 디자인 관련 서적이 가득.

카페 입구와 매장 내의 식물을 담당하고 있는 화원 MIKAN. 식물 구입도 가능.

MICAN과 경계에 있는 카운터 아래쪽은 친구와 천천히 이야기할 수 있어서 시간 가는 줄 모르고 오래 머물게 된다고.

걸려있는 스킨답서스는 잎에 광택이 있는 퍼펙트 그린 품종. 푹신푹신한 수염 틸란드시아에서 새 어나오는 불빛이 따스하다.

프리저브드 플라워와 말린 나무 열매를 작은 접시 위에 장식한 것은 집을 꾸밀 때도 응용하면 좋을 것 같다.

수형이 특징적인 곱슬버들. 돋아난 새싹을 보며 살아있다는 것을 실감할 수 있다.

고심해서 고른 식물로
몸과 마음을 따뜻하게

다양한 방법으로 배열한 꽃과 초록 식물이 귀여워요!

큰 테이블에는 꽃화분이나 꽃병, 유목 등을 계절이 느껴지도록 배열. 눈 앞의 초록을 즐기며 천천히 식사할 수 있다.

나무의 온기를 느낄 수 있는 가구로 셀렉트.

곳곳마다 아늑한 소파와 앤티크 의자, 식물을 멋지게 배치했다. 커피를 마시며 독서를 즐길 수 있는 행복한 시간을 선물한다.

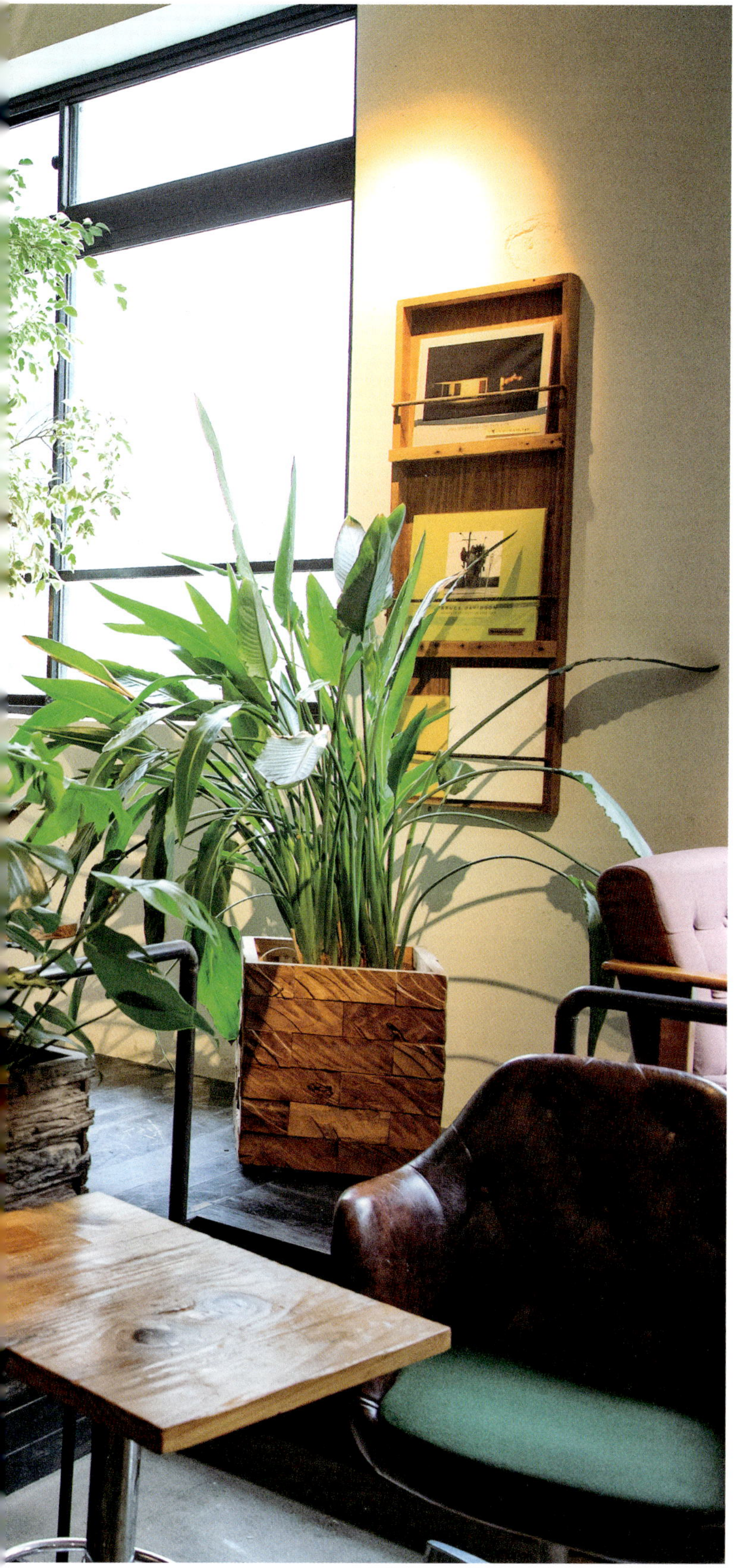

CAFE #3

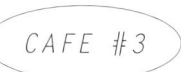

ROUTE BOOKS

장난기 가득한 어른들의 은신처 카페

SHOP DATA

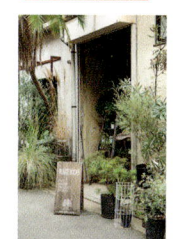

ROUTE BOOKS

일반서점에서 찾기 힘든 유니크한 책을 판매하는 서점과 카페가 잘 어우러진 매장. 책과 식물에 둘러싸여 맛있는 커피를 즐길 수 있다.

- 도쿄도 다이토구 우에노 4-14-3
- http://route-books.com/

복잡하고 시끌벅적한 우에노역 도보 5분 거리라고 생각하기 힘들 정도로 조용한 지역. 골목을 돌면 갑자기 눈에 훅 들어오는 박진감 넘치는 식물들. 머나먼 남쪽나라에 온 듯한 기분이 든다.

원래 공장이었다는 카페 입구에도 다양한 식물이 놓여있어 인더스트리얼한 건물 분위기가 돋보인다.

카페 건너편 가게에서는 관엽 식물 등을 판매하고 있다. 주택시공사, 카페, 빵집이 있어 'ROUTE BOOKS 마을'의 분위기.

친구집에
놀러 온 것 같은
편안함

2층은 공장으로 사용하던 시절이 연상되는 인더스트리얼한 공간. 식물을 들여 부드러움을 더했다. 도예 교실이나 라이브 공연 등의 이벤트도 열린다. 예약하면 음식 주문도 가능하다.

역동적인 식물을 인테리어와 매치

우에노역 바로 근처, 서민적 정서가 넘치는 동네에 자리한 ROUTE BOOKS. 오너 마루노 신지로 씨가 고향인 아마미오섬의 경치를 재현하고 싶어 고른 식물들이 입구 옆에 펼쳐져 있어 카페에 들어가기 전부터 눈이 절로 즐거워집니다.

"개성 넘치는 나무를 좋아해서 스태프들에게도 똑바로 자란 나무는 구입하지 말라고 이야기하곤 합니다."라는 마루노 씨. 가게 안에는 정말로 줄기가 구부러지거나 자유분방하게 뻗은 나무 등 시선을 끄는 독특한 매력이 넘치는 식물들로 가득합니다.

마루노 씨는 그런 식물들을 '이상한 녀석'이라고 사랑을 담아 부르고 있습니다. 5명이 달라붙어 옮겼다는 큰 선인장과 특대 아가베 등 식물을 들이는 방식도 재밌는 점이 많습니다. 저마다 스토리가 있고 주인의 애정이 듬뿍 담겨 있습니다. 커피를 마시며 식물들을 음미하다보면 몇 시간이 금방 가버릴 것 같은 '힐링 장소'입니다.

창문 안쪽과 바깥쪽에 커다란 선인장이 놓여있다. 신비로운 남쪽나라 분위기를 풍기는 한 켠에서 바깥에 있는 식물들을 마음껏 바라볼 수 있다.

전문 스태프가 일주일에 몇 번씩 방문해서 물을 주고 형태를 잡아 주는 등 가게 안의 식물을 세심하게 관리하고 있다.

**숲속에서 책을 읽는 것처럼
마음이 편안해지는
도시의 오아시스**

마루노 씨의 취향인 구부러진 줄기의 멋스러움 덕분에 파키라와 고무나무처럼 흔한 관엽식물도 특별한 존재감을 자아낸다.

메뉴는 엄선된 원두로 내리는 2종류의 커피와 커피와 어울리는 수제 과자, 그리고 맥주. 책과 식물에 둘러싸여 여유로운 시간을 보낼 수 있다.

카페에 있는 나무와 꽃, 계단 옆 작은 선인장 등 가격을 적어놓은 물건은 구입 가능.

카페 입구에는 심플한 스킨답서스 행잉 화분.

카페는 서점을 겸한 1층과 이벤트 등이 개최되는 2층으로 구성. 1층 중앙에 놓인 낡은 피아노는 단골 손님의 선물. 라이브 공연을 할 때 쓰기도 한다.

식물은 삶의 동반자

식물 집사들의
식물 생활

식물 집사들의 인스타그램은 초록으로 둘러싸여 있어 보고 있는 것만으로 행복해집니다.
식물과 친해지는 법, 함께 사는 법에 대해 자세히 물었습니다.

식물의 특성을 파악하여
그 식물에 맞춰 돌봅니다

자라면서 주위에 늘 식물이 있었다는 모니 씨. 빛이 듬뿍 들고 통풍이 잘 되는 이 집을 선택한 것도 '식물을 위해서'라고 합니다. 넓은 거실의 양지바른 한켠에 크고 작은 관엽식물이 싱싱한 모습을 자랑하고 있습니다. 마치 숲처럼.

많은 식물을 관리하는 것이 힘들지 않은지 묻자 "관리할 수 있을 만큼의 식물만 가지고 있어요. 식물 돌보기는 친구를 사귀는 것과 비슷해요. 너무 찰싹 달라붙어있지 않아도 괜찮답니다. 힘든 날에는 그냥 내버려 둘 때도 있어요"라는 의외의 대답을 들었습니다.

식물과 오랜 시간 함께 하면서 무리해서 관리하는 것보다 너무 가깝지도 멀지도 않은 적당한 거리감을 유지하는 것이 좋다는 것을 알게 되었다고 합니다.

"가장 중요한 것은 개성을 파악하는 거예요. 식물의 종류와 화분 크기에 따라 관리해야하는 간격이 다르기 때문입니다."

중요한 것은 상대(식물)에게 맞는 방법으로 함께 오래 하는 것. 모니 씨가 식물을 건강하게 키우는 비결인 것 같습니다.

1 아일랜드 식탁에 다도 도구와 함께 음식에 곁들이는 남천 잎과 열매를 상비. 실용성과 계절 디스플레이라는 두 마리 토끼를 잡았다.
2 전통정원의 절제된 꽃의 분위기를 의식한 흰색 튤립의 배열. 잎이 은색인 유칼립투스와 레이스 플라워(아미초)가 잘 어울린다.
3 완벽하지 않은 것을 소중히 여기는 생활 방식인 '와비사비'를 느낄 수 있는 소나무 분재 이끼공. 동양적 분위기를 자아낸다. 이끼 사이로 뻗은 작은 소나무가 늠름한 분위기.

PLANTS LOVER 01

모니 씨

**전통 정원 스타일
식물의 갯수도 관리도
뺄셈 발상으로**

인스타 계정	@888moni
가족 구성	부부
사는 곳	단독주택
식물의 종류	약 10종

"나무 아래서 책을 읽거나 쉬었으면 좋겠다"는 생산자의 소망이 담긴 대만고무나무. 자연스럽게 뻗은 가지 모양을 보면 여기가 집안이라는 것을 잊게 됩니다.

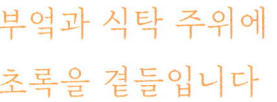

부엌과 식탁 주위에
초록을 곁들입니다

1 거실 장식장 위의 마취목 절화. "나뭇가지를 꽃병에 꽂는 것만으로 부담없이 초록을 즐길 수 있어요. 식물 구입을 망설인다면 이것부터 시도해보세요."
2 요리하는 것은 물론 먹는 것도 좋아하는 모니 씨. 부엌에도 꽃을 빼놓지 않았다. 예쁜 라넌큘러스는 보기만 해도 기분이 좋아진다.
3 작고 둥근 잎이 귀여운 유칼립투스는 천연 방향제 역할도 한다. 작은 접시와 작은 서랍을 나란히 놓은 이 공간의 분위기 조성에 한몫을 한다.
4 냉장고 위쪽 햇빛이 거의 들지 않는 곳에서도 건강하게 자라주는 엔조이 스킨답서스. 어두운 곳에서도 키우기 좋은 완벽한 우등생.

1 액체 비료를 줄 때는 희석하는 비율이 중요한데, 양을 파악하기 쉬운 2리터 페트병에 담아 쓰면 편리. 특별한 도구를 사지 않아도 된다.
2 잎색깔이 진한 대만고무나무와 에버프레시, 무늬가 있는 벤자민 고무나무로 집 안에 나무 그늘을 만들었다. 다바나 고사리는 그라운드 커버용으로 사용. 높낮이 차이를 두고 멋스럽게 배치.

나의 그린 규칙

적당한 거리감을 유지하고 너무 과보호하지 않는다.

모니 씨가 좋아하는 식물

대만고무나무
(Ficus microcarpa)
곁에 있으면 야외에 있는 것 같이 마음이 느긋해진다.

다바나 고사리
(Phlebodium aureum davana)
은빛이 도는 독특한 초록에 나풀나풀한 잎이 귀엽다.

스킨답서스
(Epipremnum aureum)
어디에 두어도 기죽지 않는 든든한 친구같다.

PLANTS LOVER | 02

kyabetsunosengiri 씨

식물과 흙을 만지며 에너지 충전

인스타 계정 ▶	@kyabetsunosengiri
가족 구성 ▶	부부 + 자녀 2명
사는 곳 ▶	단독주택
식물의 종류 ▶	약 150종

나의 그린 규칙

가습기, 서큘레이터, LED 식물성장등을 갖춰두면 좋아요.

1 현관을 들어서자마자 눈에 들어오는 워터코인(Hydrocotyle verticillata)을 심은 공간. 옆에 있는 캐비넷과 파티션은 직접 제작했다.
2 26년 전, 결혼하고부터 식물을 키우기 시작. 남편이 결혼 전부터 키우던 파키라도 아직 건재하다. 가족을 지켜보며 무럭무럭 성장하고 있다.

새 화분을 사면 새로운 아이디어가 생긴다

규조토 벽에 대들보를 살린 천장, 바닥은 원목. 이 오래된 전통가옥 같은 멋진 집에 살고 있는 kyabetsunosengiri 씨. 창가와 천장, 계단 끝에도 열심히 고민한 끝에 식물을 두었습니다.

"식물이 점점 자라서 커지는데 다른 사람 인스타그램을 보고 있으면 또 다른 화분을 들이고 싶어지더라고요. 화분 하나가 늘어날 때마다 납득이 될 때까지 집안 배치를 바꿔야 직성이 풀리니까 고민과 동시에 즐거움입니다."

가구 DIY와 식물 가꾸기에 자신이 있어서 창작 의욕이 마구 생긴다고 합니다. 집안 배치를 바꾸는 것도 식물을 돌보는 것도 피곤하기는커녕 에너지가 솟는다고. 파워풀한 그의 스타일처럼 아이디어로 넘치는 식물 코너가 또 새롭게 태어날 것 같습니다.

kyabetsunosengiri 씨가 좋아하는 식물

몬스테라 딜리오사 (Monstera deliciosa)
매력적인 커다란 잎사귀, 햇볕이 비칠 때 생기는 그림자도 좋아한다.

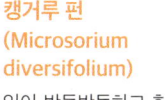

캥거루 펀 (Microsorium diversifolium)
잎이 반들반들하고 힘이 있으며 건조에도 강하다.

스킨답서스 (Epipremnum aureum)
종류가 많고 각각의 표정이 달라서 쉽게 질리지 않는다.

휘커스류(Ficus)와 줄고사리(Nephrolepis cordifolia), 악어고사리(Microsorum musifolium) 등 행잉 타입 식물들이 정글처럼 거실을 빈틈없이 메우고 있다

\ kyabetsunosengiri 씨가 식물을 즐기는 법 /

1 부엌 옆 벽면에는 액자에 담은 관엽식물을 걸었다. 모아심기한 상태로 받은 것을 키우는 중.
2 고풍스러운 상자에 작은 화분을 담아놓은 모둠 화분.
3 곧게 자란 망그로브 나무 아래로 구피가 헤엄치는 힐링 어항.

PLANTS LOVER 03

naoko 씨

안뜰과 거실이 일체화된 초록이 있는 생활

인스타 계정 ▶	@torimakiflower_mama
가족 구성 ▶	부부
사는 곳 ▶	단독주택
식물의 종류 ▶	약 120종

"덩굴성 식물을 매달아두면 햇빛을 흠뻑 쬔 잎이 반짝반짝 빛나는 모습을 볼 수 있어요."
유리 오브제나 앤티크 램프 등과 함께 모아 장식하면 한층 빛이 난다.

부엌 앞창을 열면 안뜰에 심은 심볼트리인 대팻집나무(Ilex macropoda)가 보인다. 실내와 실외를 식물로 연결하여 자연으로 둘러싸인 생활을 구현했다.

음이온으로 가득한 편안한 집이 목표

naoko 씨가 식물에 관심을 갖기 시작한 것은 5년 전. 안뜰이 있는 집을 지은 것이 계기였습니다.

"음이온이 흘러넘치는 마음이 편해지는 집을 만들고 싶어서 식물을 두기 시작했어요." 식물을 집안에 들이면서 도시적이고 스타일리시한 인테리어에도 깊이감이 생겼습니다. 식물을 건강하게 잘 키우고 싶지만 당연히 시들어서 죽은 적도 있다고 합니다.

"시들어도 너무 마음에 두지 않고 앞으로 어떻게 해야 시들지 않게 잘 키울 수 있을지에 신경을 썼어요. 그 식물이 기분 좋아할 만한 곳이 우리집에서 어디인지 찬찬히 찾는 게 중요한 것 같아요."

식물을 잘 키우는 비결은 실패를 두려워하지 않는 자세인 것 같습니다.

행잉하는 것과 바닥에 두는 것을 균형있게 배치하면 위와 아래에 모두 식물이 있어 마치 초록으로 둘러싸여 있는 것처럼 보인다.

Naoko 씨가 좋아하는 식물

칼라데아 오르비폴리아
(Calathea orbifolia)

잎 질감이 탐스럽다. 통기성, 보수성, 배수성이 뛰어난 흙에 옮겨심었다.

호야 카이라이
(Aeschynanthus marmoratus)

나뭇잎 뒤쪽에 있는 보라색의 아름다운 무늬가 햇빛을 받으면 비쳐서 예쁘다.

시서스 디스컬러
(Cissus Discolor)

가늘고 긴 하트 모양의 잎. 앞면엔 은백색의 반점이 있고 뒷면은 보라색인 시크한 색감으로 언제 봐도 질리지 않는다.

> 시들어도 너무 자책하지 않는다.
> 실패를 성공의 어머니로 삼는다.
>
> — 나의 그린 규칙

1 여러 개의 식물을 바닥에 놓고 장식할 때는 다리 달린 플랜터를 사용하는 등의 방법으로 높낮이 차이를 두어 변화를 준다.

2 발코니 근처에는 잎색이 짙은 아가베 주위로 물방울 무늬인 베고니아 마큘라타(Begonia maculata)와 붉은 빛이 도는 칼라데아 스트로만테(sanguinea'Multicolor'.) 등을 나란히 두어 풍부한 변화를 주었다.

PLANTS LOVER | 04

mikko 씨

식물이 반겨주는 힐링 원룸

- 인스타 계정 ▶ @kokimi_home
- 가족 구성 ▶ 1인 가구
- 사는 곳 ▶ 원룸
- 식물의 종류 ▶ 약 30종

1 공간에 여백을 거의 남기지 않고 식물을 둔다. 존재감이 큰 몬스테라, 천장에 매달린 스킨답서스 등 어디를 보나 식물이 눈에 들어온다.
2 장식법의 포인트는 이웃하는 식물의 높낮이 차이를 주는 것.
"높이를 만들기 위한 원목 받침대 등은 인테리어적으로도 식물과 잘 어울립니다"

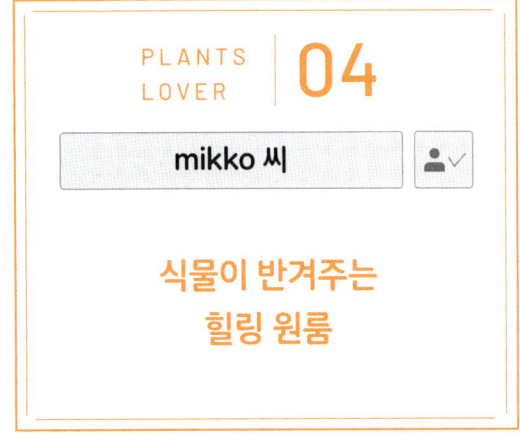

보물로 꽉 차 있는 작은 공간

"회사일로 지쳐서 돌아와도 집에서 반겨주는 식물을 보면 힐링이 됩니다."는 mikko 씨. 계속 식물이 있는 생활을 동경해왔고 시작하자마자 푹 빠졌다고.

지금은 물을 주려고 매일 아침 일찍 일어날 정도. 퇴근하고 집에 돌아와 식물에 둘러싸여 마시는 맥주 한 잔은 특별한 행복!

부엌을 제외한 13.2㎡(4평), 콘크리트로 마감된 벽에 서향집. 언뜻 보기엔 식물을 키우기 어려울 것 같은 환경이지만 싱싱한 녹색 잎들이 무성합니다.

구조를 바꾸기 전

아직 공간에 여유가 있었던 구조를 바꾸기 전의 모습. 몇 달만에 지금의 숲과 같은 상태로 변신. "걸어놓기에 적합한 식물을 찾던 시기입니다."

관리용품은 소수정예로 선별해서 갖춘다.
디자인이 멋스런 분무기로 미세한 미스트를 뿌려주면 잎 관리에 좋다.

나의 그린 규칙
앞에서 겹쳐 보이지 않게 배열
좌우는 높낮이 차이를 둔다
여백도 잘 이용한다

mikko 씨가 좋아하는 식물

바로크 벤자민
(Ficus benjamina barok)
잎사귀가 또르르 말려있으며 고급스럽고 화사한 느낌. 여배우같은 이미지가 마음에 든다.

캥거루 펀
(Microsorium diversifolium)
캥거루의 다리처럼 보이는 이 식물 덕분에 방안이 더 정글같아졌다.

엔조이 스킨답서스
(Epipremnum aureum N'Joy')
무늬가 있는 작은 잎사귀가 귀엽다. 성장도 빨라 물꽂이로 기르는 것도 재미있다.

코코넛 껍질에 착생시킨 박쥐란은 크게 자라서 소파 옆 유목에 걸어두었다.

"식물은 어디에 두느냐에 따라 비주얼까지 달라져서 계속 새롭게 느껴진다는 것이 좋아요."

장식할 수 있는 양은 한정되어 있지만 '무엇을 둘 것인가, 어떻게 둘 것인가'라는 선택과 센스로 콘크리트 벽이 식물이 돋보이는 따스한 공간으로 바뀌었습니다.

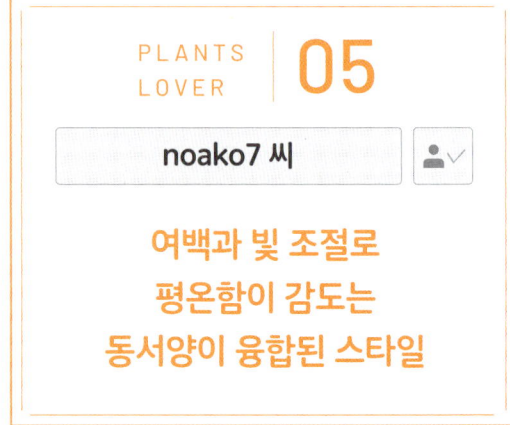

PLANTS LOVER 05

noako7 씨

여백과 빛 조절로 평온함이 감도는 동서양이 융합된 스타일

인스타 계정 ▶	@noako7
가족 구성 ▶	부부, 자녀 1명
사는 곳 ▶	아파트
식물의 종류 ▶	약 14종

식물의 존재로 상쾌한 주거 공간이 만들어진다

건축가인 noako7 씨의 집. 거실에 비치는 식물 그림자가 아름답습니다. 동양의 전통미와 현대적 스타일리시함이 공존하는 공간입니다.

회사에 입사하면서 본가를 떠날 때 어머니가 식물을 선물로 주셨고 그 이후 계속 식물을 키우게 되었다고 합니다.

"밖에서 키웠었는데 어느 날 실내로 옮겨두었더니 집안 공기가 상쾌해졌어요." 그 이후로 인테리어 아이템으로 식물을 들이게 되었다고.

noako7 씨에게는 어린 자녀가 있는데 아기 때부터 식물을 가까이해서 그런지 잎을 뜯거나 하는 장난을 친 적이 없고 오히려 물 주기 등을 즐긴다고 합니다.

유럽에서 식물을 잘 키우는 사람을 지칭하는 '그린 핑거'는 어머니에게서 noako7 씨로 그리고 아이에게로 이어지고 있습니다.

1 세로로 긴 거실. 높이가 있는 파키라와 풍성한 볼륨의 줄고사리 등을 높낮이를 주면서 두었다. 화분도 동양스타일을 선택.
2 장지문과 식물은 궁합이 잘 맞는다. 잎을 펼친 에버프레시와 아래로 늘어진 스킨답서스가 마치 동양화같다.
3 식물을 그린 맹장지와 전통 수제종이로 만든 모빌. 살아있는 식물과도 잘 어우러진다.

1 파란색 불투명 유리 너머로 들어오는 잔잔한 빛. 식물의 역광 실루엣이 환상적이다. 안스리움과 금붕어의 빨강이 포인트 컬러가 되었다.
2 콘크리트로 된 디스플레이 코너도 식물로 장식하면 부드러운 분위기가 된다. 수염 틸란드시아와 슈가바인이 조연이 되어주는 포토 스팟!

나의 그린 규칙

창가 밝은 곳에 둔다
햇빛 아래 있는 식물은
무조건 아름다우니까!

noako7 씨가 좋아하는 식물

줄고사리
(Nephrolepis cordifolia)
예쁜 모양으로 만들기 위해 육성 중. 양치류는 집을 비울 때 가장 신경이 쓰이는 존재.

파키라
(Pachira aquatica)
심볼 트리. 진한 초록색 잎이 거실 분위기를 정돈해준다.

아디안텀 고사리
(adiantum)
키우는 요령을 알면 쑥쑥 성장해서 기쁘다.

41

> 전문가에게 물었습니다

식물이 있는 편안한 공간 만드는 법

어떻게 하면 센스있게 꾸밀 수 있을까요? 식물과 인테리어를 양립시키려면 어떻게 해야할까요?
플라워 & 그린 스타일리스트인 사토 유미코 씨에게 비법을 물어보았습니다.

식물과 인테리어를 양립하기 위한 조건

편안한 공간을 꾸미려면 좋아하고 기르고 싶은 식물을 선택하는 것이 중요합니다. 하지만 이것을 인테리어의 일부로 센스있게 드러내려면 아이디어를 더해야하지요.

"우선 공간 전체의 균형을 보기 위해 식물을 뺀 다음에 볼륨감 등을 고려해서 둘 장소를 생각합니다. 이곳저곳에 따로 장식하지 말고 한데 모아 공간 속에 몇 개의 포인트를 만드는 것도 효과적입니다."

작은 것이나 희귀한 식물도 좋지만 인테리어의 시점에서 선택하는 것이 중요하다고.

"아래로 늘어지는 것 등 특성을 살리거나 크기와 높이의 균형을 고려해 선택해야 인테리어가 돋보이는 초록이 있는 공간이 됩니다. 식물의 종류에 대해 고민하기보다 오히려 어떻게 꾸미는가에 따라 비주얼이 완전히 달라집니다."

사토 유미코 씨

플라워 & 그린 스타일리스트. green&knot를 운영하고 있습니다. 꽃꽂이와 식물 등의 식물사용법 어드바이저, 정원이나 기업의 식물 컨설팅 등도 하고 있습니다. 플라워 레슨도 인기.

https://www.instagram.com/yumikosatooo/

1 들어가자마자 보이는 오른쪽 캐비닛. 다양한 용기에 담은 식물들이 오브제처럼 진열되어 다른 잡화들과 잘 어우러져있다.
2 텔레비전 위에 설치한 선반. 보여주는 수납으로 마끈 등의 작업 도구들을 자연스럽게 놓아둔다.
3 앤티크 유아의자에 올려놓은 것은 파초일엽. 밑에는 딸기선인장(Mammillaria)을 놓았다. 존재감이 커서 집 안의 악센트가 되고 있다.

창가에서 햇빛을 즐기는 듯 리드미컬하게 매달려있는 시서스와 립살리스. 바람에 흔들리면 마치 자연에 둘러싸인 기분이 든다.

식물은 접촉으로 소통한다

사토 씨의 거실 한가운데 낮은 위치에 그레이프 아이비(Cissus rhombifolia)가 매달려 있습니다. "일부러 걸리적거리는 곳에 두었어요. 이렇게 하면 몸에 닿기도 하고 시선에 바로 들어오니까 소통이 잘 돼요. 키우는데 가장 중요한 것은 식물과의 커뮤니케이션. 잘 관찰하면 이 자리는 별로인가, 물을 너무 많이 줬나 등 변화를 깨닫고 빨리 대처할 수 있습니다."

눈에 띄는 곳에 두는 것이 좋다는 것을 알게 된 계기는 아이의 말 때문이었다고 합니다. 작업 때문에 큰 화분을 방 한가운데 둔 적이 있는데 구석으로 치우려고 했더니 "식물과 같이 사는 느낌이 들어서 이대로가 좋아"라고 했다고.

"식물과 생활한다는 것은 자연을 가까이에서 느끼는 것. 실내에서 식물을 키우는 가치는 거기에 있습니다. 접촉하는 시간이 길어지면 자연스럽게 내 집에 맞는 식물, 맞지 않는 식물이 무엇인지 알 수 있습니다."

전문가가 알려주는

식물을 세련되게 장식하는 5가지 기술

식물을 두는 방법을 살짝 바꾸는 것만으로 집 안 분위기가 확 달라집니다.
모두 간단하고 관리 부담까지 줄일 수 있으므로 꼭 시도해보세요.

❶ 플라스틱 화분을 그대로 사용한다

도자기 화분에 심으면 분갈이나 이동이 힘들기 때문에 플라스틱 화분 째 도자기 화분에 넣는다. 기분에 따라 화분 커버를 바꿀 수 있을 뿐만 아니라 내용물만 야외로 이동해 관리할 수 있어 매우 편하다.
특히 창가에 매다는 경우, 창문에 닿을 가능성이 있으므로 도자기나 유리 화분은 금물.

❷ 모은다

집 여기저기에 흩어져 장식했던 식물을 한곳에 모으면 임팩트있는 그린 인테리어를 즐길 수 있다.
모아두는 용기를 알루미늄이나 양철 등 가벼운 소재로 하면 밖으로 가져가기도 편하고 물도 그대로 줄 수 있다.

❸ 매단다

행잉으로 식물을 매달면 시선이 위를 향하면서 공간에 키가 큰 식물이 있는 듯한 효과를 준다. 구입했을 때 달려있던 플라스틱 행거를 와이어로 바꾸면 더욱 보기 좋다.

❹ 쓰지 않는 용기와 함께 장식한다

쓰지 않는 화분이나 꽃병 등도 식물과 함께 코디. 꽃병을 같이 두면 식물이 들어있지 않아도 그 공간은 신기하게 그림이 된다.

❺ 유리 용기에 담아 장식한다

유리 용기에 담으면 쉽게 테라리움같은 분위기를 즐길 수 있다. 꽃병은 유리 제품이 많아 다양한 형태로 시도해보는 것을 추천. 물을 줄 때 쓰는 화분 받침이 필요하지 않다는 점도 좋다.

CHAPTER 2

미니 식물

작은 자연이 있는 그린 라이프

> 가볍게 기르기 좋아서 처음 키우는 사람들에게 추천!

시작은 화분 하나! 꼬마 짝꿍이 됩니다

잎을 감상하기 위한 식물을 '관엽식물'이라고 합니다. 대부분 열대나 아열대가 고향. 온도를 관리하기 편한 실내에서 키우기 좋지요. 처음 키우기 좋은 미니사이즈 관엽식물, 다육식물과 선인장, 그리고 에어플랜츠라고 불리는 틸란드시아를 소개합니다. 작은 반려식물에게 애정을 쏟으면서 소중히 키워보세요.

> 일단 첫 번째로

미니 관엽식물

테이블이나 책상에 딱 어울리는 손바닥 크기!

식물을 도자기 화분으로 분갈이. 받침으로 식기를 사용.
깔끔한 도자기는 식물에게도 최적(왼쪽 앞부터 덕구리난, 드라세나, 대만고무나무)

두고 싶은 곳에 바로 놓을 수 있어요!

관엽식물이라고 하면 창가에 놓을 수 있는 큰 화분을 떠올리는데 요즘은 손바닥에 올라갈 정도로 작은 크기가 인기. 고르기 힘들 정도로 다양한 종류가 있지요. 미니 관엽식물은 책상이나 장식장 등에 놓아도 걸리적거리지 않고 인테리어 효과도 있는 멋진 아이템이죠.

작고 가벼워서 햇볕이 드는 곳으로 옮기기도 쉽습니다. 식물을 가까이 두고 싶을 때 부담없이 즐길 수 있습니다. 선택의 포인트는 '어디에서 기르고 싶은가'입니다.

통틀어 관엽식물이라고 부르지만 햇빛이 필요한 것도 있고 햇빛이 크게 필요하지 않은 것. 또 더위나 추위에 강한 것과 약한 것 등 종류에 따라 성격이 다릅니다.

최소한의 수고로 튼튼하게 기르기 위해서는 '겉모습'만 취향대로 고르는 것이 아니라 주거 환경에 알맞은 식물을 선택해야합니다. 판매하는 미니 관엽식물 화분은 흙이 적기 때문에 오랫동안 그대로 키우는 것은 추천하지 않습니다. 잠시 즐기시고 한 단계 큰 화분에 옮겨 심으세요.

옮겨 심는데 필요한 흙은 식물의 성질에 맞게 혼합할 수도 있지만 처음 기른다면 '관엽식물용 배양토'로 판매하는 흙이 편리합니다. 배수가 잘 되어 벌레 발생도 막을 수 있어요.

검정 비닐포트에 담아 파는 것, 화분 안이 뿌리로 가득 찬 것은 바로 옮겨 심습니다. 많은 관엽식물은 5~7월에 성장기를 맞이합니다. 이 시기에 구입하면 관리하기도 편해요. 바로 시들어버리는 실패도 적을 것입니다.

천사의 눈물(Soleirolia soleirolii)은 햇빛과 물 주기를 잘 조절하면 울창하고 사랑스워지는 식물. 다른 느낌의 초록을 배치하는 것만으로 세련되게 연출할 수 있다.

작아도 아름다워요! 잎 색깔과 모양에도 주목!
미니 관엽식물 카탈로그

화원에서 작은 포기로 판매하는 관엽식물을 모았습니다.
거실이나 주방 등에 놓고 부담없이 즐겨보세요. 밋밋한 집안에 싱그러운 색채가 더해집니다.

01
동글동글 작은 잎이 귀여워요

필레아 페페로미오이데스 pilea peperomioides

해가 잘 드는 곳을 추천합니다. 직사광선을 쬐면 잎에 화상을 입기 쉬우므로 강한 햇빛이 드는 창가에서는 커튼 너머의 빛을 쬐도록 합니다. 겉흙이 마른 후, 2~3일이 지나서 물을 줍니다.
겨울에는 겉흙이 마른 후, 7~10일이 지났을 무렵에 줍니다. 건조한 시기에는 분무기로 잎에 물을 뿌려 주는 것이 좋습니다.

잎사귀 모양 때문에 '팬케이크 식물' 또는 '동전풀'이라고도 불린다.

줄필레아 pilea nummulariifolia

민트처럼 생긴 잎이 특징. '크리핑 찰리Creeping Charley'라는 이름으로 진열되기도 합니다. 포복성이며 작은 꽃을 피우기도. 밝은 빛을 선호하므로 밝은 그늘이나 레이스 커튼 너머 창가에 두고 키웁니다. 내한성은 낮은 편이지만 실내라면 월동도 가능. 생육기인 5월 하순~9월 하순에는 3~5일에 한 번 물을 충분히 줍니다.

페페로미아 글라벨라 Peperomia glabella

열대에서 아열대 지역에 걸쳐 넓은 범위에서 자랍니다. 약 1000여 종으로 종류가 매우 많은 페페로미아의 일종. 강한 여름 햇빛을 쬐면 잎에 화상을 입을 수 있어 강한 햇빛이 들어오지 않는 반그늘에 두는 것이 좋습니다.
추위에 약하니 겨울에는 밝은 창가에 두고 가능한 햇볕을 많이 쬐도록 해주세요. 겨울에는 흙이 마른 것을 확인하고 물을 줍니다.

푸미라 고무나무 Ficus pumila

밝은 곳에서 관리합니다. 일조량이 부족하면 맥없이 늘어지며 사랑스러움도 줄어들어요. 직사광선은 잎에 화상을 일으키므로 여름에는 레이스커튼 너머 정도의 햇빛을 쬐어주세요.
에어컨 바람이 닿으면 잎이 상하므로 바람이 직접 닿지 않는 곳으로 이동. 봄~가을에는 흙이 마르면 충분한 물을 주고 겨울에는 분무기로 잎에 물을 뿌려 수분을 보충해줍니다.

물푸레나무 Fraxinus japonica

밝은 곳을 좋아하지만 직사광선이나 강한 저녁햇볕을 쬐면 잎이 변색되므로 직사광선을 피한 밝은 그늘에 둡니다. 잎색이 나빠지기 시작하면 햇빛을 쬐어주세요. 겨울철 온도차나 결로가 걱정될 때는 창가가 아닌 방안으로 이동하는 것이 좋습니다.
물은 여름엔 아침 저녁 2회. 겨울에는 흙이 마르고 며칠 뒤에 주면 충분합니다.

02
자연이 만든 아름다운 잎맥은 진정한 예술품

수박필레아 pilea cadierei

금속 느낌의 광택 때문에 '실버 알루미늄 식물'이라고 불립니다. 녹색 잎에 약간 부푼 듯한 광택이 있는 것이 특징. 내음성과 내한성은 있지만 가끔 햇살이 비치는 곳에 두는 것이 건강하게 키우는 비결.
봄~가을에는 겉흙이 마르면 물을 주고 잎에 분무하여 습도를 유지합니다. 특히 여름에는 물마름에 신경써주세요. 겨울철에는 겉흙이 마르고 2~3일 후에 줍니다.

크로톤 Codiaeum variegatum

선명한 잎색을 유지하려면 햇볕을 잘 쬐어주세요. 봄~가을에는 흙 표면이 마르면 물을 주고 여름에는 흙이 마르지 않도록 합니다. 겨울에는 흙이 마르면 줍니다. 습도가 높은 환경을 선호하기 때문에 잎에 물을 충분히 분무해 주세요.
진드기 등 해충 방제가 되기도 합니다. 젖은 수건 등으로 잎을 닦는 방법도 추천합니다. 잎에 묻은 먼지를 털어내고 잎을 깨끗하게 해주세요.

싱고니움 Syngonium podophyllum

열대지역이 원산지이나 직사광선에 약해 여름철 강한 햇볕을 쬐면 잎이 타서 시들기도 합니다. 햇볕이 강한 시기에는 반그늘에 두는 것이 좋습니다. 에어컨 바람도 건조의 원인이기 때문에 직접 바람을 맞지 않도록 주의.
봄~가을까지 물을 흡수하는 속도가 빨라지므로 겉흙이 마르면 물을 듬뿍 줍니다. 휴면기인 겨울에는 물 주기를 줄입니다.

히포에스테스 Hypoestes phyllostachya

전체적으로 주근깨 같은 작은 반점이 보이는 특징이 있습니다. 햇볕이 잘 드는 곳이나 밝은 그늘에서 잘 자랍니다. 직사광선은 좋아하지 않지만 일조량이 부족하면 맥없이 늘어지고 잎색도 나빠집니다.
여름에는 겉흙이 마르면 충분히 줍니다. 겨울철에는 흙 전체가 말랐을 무렵 물을 주고 건조한 느낌으로 돌보면 됩니다.

개운죽 Dracaena sanderiana

조릿대 모양을 한 광택이 나는 잎색과 줄무늬가 아름답습니다. 양지부터 반그늘까지 튼튼하게 자랍니다. 단 직사광선과 추위는 질색. 에어컨 바람이 직접 닿는 곳도 피해야 합니다.

물은 '겉흙이 마른 후'에 주는 것이 철칙. 잎이 떨어져 줄기만 남은 것은 '밀리언 뱀부'라는 이름으로도 판매하며 개운 인테리어로도 인기가 있습니다.

피토니아 Fittonia

초록색 잎에 그물 모양 잎맥이 뚜렷하게 뻗어있어요. 직사광선이 닿지 않는 반그늘 등 음지에서 기릅니다. 추위는 싫어하지만 기본적으로 사람이 지낼 수 있는 온도면 괜찮습니다.

기온 상승과 함께 생육이 왕성해지므로 여름철 물주기는 1일 1회. 공기가 건조해지면 분무기로 잎에 물을 뿌려주면 싱싱해져요.

페페로미아 메탈리카 Peperomia metallica

금속 광택과 중앙에 실버 라인이 있는 어두운 잎. 뒷면은 와인색을 띠고 있어 풍부한 느낌을 즐길 수 있습니다. 아몬드 페페와 같은 종류로 건조한 느낌으로 키우기 위해 물은 흙이 마르고 나서 주는 것이 철칙.

흙이 다 마르기 전에 물을 주면 잎이 노래지면서 떨어질 수도 있습니다.

피토니아 화이트 스타 Fittonia verschaffelti White Star
약간 프릴처럼 생긴 잎이 특징

아몬드 페페 Peperomia puteolata

줄무늬가 특징. 인테리어 식물로 무척 인기. 반그늘을 선호하므로 밝은 실내에 두는 것이 가장 좋습니다.

물을 저장하는 성질이 있으므로 너무 많이 주지 않도록 주의합니다. 흙이 마른 후에 물을 듬뿍 주는 것이 요령.

5도 이상이면 월동할 수 있기 때문에 실내에서 관리한다면 한겨울에도 문제없습니다.

창가에 두면 아침에 기온이 뚝 떨어질 수 있으므로 주의하세요. 포기가 커지거나 화분 안에 뿌리가 꽉 차면 분갈이하세요.

피토니아 써니엘로우
색깔있는 잎으로 인기있는 품종

03
폭신폭신 섬세한 잎사귀가 귀여워요!

천사의 눈물 Soleirolia soleirolii

수많은 작은 잎이 달려있는 모습이 마치 천사의 눈물처럼 보인다는 것이 이름의 유래. 햇빛을 너무 많이 받으면 푹신한 모양새가 망가지기 때문에 반양지에서 키우는 것이 이상적입니다.
흙이 마르고 나서 물을 주는 것은 너무 늦기 때문에 마르기 전에 듬뿍 주세요. 물을 줄 때는 입구가 좁은 물뿌리개 등으로 물방울이 잎에 닿지 않게 해주세요. 잎에 물이 닿으면 물러지면서 시드는 원인이 됩니다.

그린
오레아보다 더 진한 초록색. 가장 많이 유통되는 품종.

무늬
약간 프릴처럼 생긴 잎이 특징.

오레아
잎이 연두색인 품종. 밝은 느낌.

셀라기넬라 Selaginella

일명 '구름 이끼'. 햇볕을 많이 좋아하지만 강한 햇빛을 받으면 잎색깔이 바랩니다. 봄~여름에는 통풍이 잘 되는 곳에서 키우고 겨울에는 커튼 너머로 햇빛을 받으며 관리.
여름에는 겉흙이 마르기 전에 물방울이 잎에 닿지 않도록 주의하며 흙표면에 물을 줍니다. 물을 주는 시간대는 기온이 오르기 전인 오전 시간이 적당. 겨울철에는 물을 적게 주지만 극도의 건조나 물마름이 생기지 않도록 주의합니다.

넉줄고사리 Davallia

꽃은 피지 않지만 레이스 같은 잎만으로도 충분히 아름답고 튼튼합니다. 통풍이 잘 되는 곳을 선호. 햇빛을 무척 좋아해서 햇볕을 충분히 쬐면 포기가 더 탄탄하게 자랍니다.
여름 직사광선과 같은 강한 햇빛은 잎에 화상을 입힐 수 있으므로 여름철엔 반그늘이 최적의 장소. 무르지 않도록 통풍을 잘하는 것도 중요합니다. 건조에는 강한 편이나 흙이 마르면 충분히 물을 줍니다.

아디안텀 고사리 Adiantum

건조에 약하기 때문에 물이 마르지 않도록 하는 것이 중요. 봄~가을에는 직사광선이 닿지 않는 밝은 곳에서 기릅니다. 에어컨 바람이 직접 닿으면 잎이 상하기 쉽습니다. 극심한 물 부족은 잎이 시드는 원인이 됩니다.
물을 너무 많이 줘도 물러버리며 뿌리 부패가 일어납니다. 겉흙이 마르면 바로 물을 듬뿍 주는 것이 포인트. 잎이 건조해지면 분무기로 물을 뿌려주세요.

아스파라거스 Asparagus officinalis

식용 아스파라거스와 같은 종류. 건조에 강하고 습기를 싫어하므로 장마철에는 통풍이 잘 되는 곳으로 옮깁니다. 흙이 마르고 나서 듬뿍 물을 주면 됩니다. 뿌리가 군데군데 부풀어 올라 수분을 축적할 수 있어 흙이 말라있는지 확인한 후에 줄 것.
단 극단적으로 건조해지면 잎이 말라버릴 수 있으므로 여름에는 조심하세요.

04
스타일리시한 잎에 주목!
공간이 멋스럽게 변신

몬스테라 Monstera

자라면서 잎이 가장자리부터 찢어진 듯한 독특한 모양이 됩니다. 밝은 곳에 두는 것이 기본이지만 열대우림에 자생하는 식물이기 때문에 직사광선을 쬐면 잎이 타버리니 주의.
물은 흙이 마르면 듬뿍. 잎이 커서 먼지가 쌓이기 쉬우므로 2~3일에 한번 정도 닦아줍니다. 시든 잎은 잎이 시작하는 곳에서 자르세요.

드라세나 콤팩타 Dracaena deremensis 'Compacta'

드라세나 미니 버전. 기본적으로 레이스커튼 너머와 같은 밝은 그늘에 둡니다. 5~9월에 해가 잘 드는 곳에 두면 잎색이 선명해지고 튼튼하게 자라지만 직사광선은 싫어하니 피할 것.
물은 흙이 마르면 듬뿍. 추운 겨울에는 물을 거의 흡수하지 않기 때문에 한 달에 1~2회로도 충분. 이 시기에 물을 너무 많이 주면 뿌리가 썩을 수 있습니다.

덕구리난 Beaucarnea recurvata

일명 '포니테일 야자'. 건조와 추위에 모두 강해 초보자도 쉽게 키울 수 있어요. 햇빛을 무척 좋아해 일조량이 부족해지면 잎의 윤기가 나빠져 덕구리난의 특징이라고 할 수 있는 그루터기(줄기의 기부)가 둥글게 크지 못할 가능성도 있습니다.
밝은 방향으로 줄기가 휘어지므로 화분 방향을 돌려주며 햇빛을 균등하게 받을 수 있도록 해주세요. 봄가을에는 실외에서 관리할 수도 있어요.
밑동의 부푼 부분에 수분을 모아두므로 물은 약간 적게 주세요.

아비스 에메랄드 웨이브 Asplenium nidus Emerald wave

느긋하게 물결치는 듯한 에메랄드빛 잎사귀가 아름답습니다. 양치식물과 같은 종. 고온 다습한 반그늘을 좋아하며 직사광선은 질색. 내한성이 있어 실내라면 월동도 가능합니다. 높은 습도를 좋아하니 분무기로 잎에 물을 듬뿍 뿌려주세요. 건조 등으로 물마름이 되면 잎끝부터 서서히 노랗게 변하며 시들어버릴 수도 있으니 냉난방을 하는 계절엔 주의가 필요합니다. 봄여름에 액비를 줍니다.

스투키 Sansevieria stuckyi

선인장에 가까운 성질의 식물로 잎 형태가 다양합니다. 봄~가을에는 흙이 마르면 물을 줍니다. 물이 부족하면 잎에 주름이 잡히지만 물을 주면 펴집니다.
11월~3월까지는 물을 주지 않습니다. 난방 등의 영향으로 실내 습도가 낮을 경우 흙이 마르는 상태를 보고 한 달에 한번 정도 물을 주세요. 햇볕이 잘 드는 곳에 두되 여름 직사광선은 피합니다.

종류에 따라 잎 모양이 다르다. 산세베리아 하니 'Sansevieria trifasciata Hahnii.' 는 잎이 짧고 둥글다.

드라세나 마지나타 Dracaena marginata

햇빛을 좋아하지만 내음성이 있어 실내 밝은 그늘에서도 키울 수 있습니다. 여름철 직사광선은 피하세요. 겨울에는 햇볕이 잘 들고 10도 이상에서 관리.
물을 너무 많이 주면 뿌리가 썩으니 주의하세요. 냉난방 바람이 직접 닿으면 건조가 진행되어 잎이 떨어지므로 바람이 직접 닿지 않는 곳으로 옮겨줍니다. 잎 건조를 막기 위해 분무기로 잎에 물을 뿌려주는 것도 중요합니다.

녹색의 길쭉한 잎에 빨강과 흰색 줄이 있는 무지개 드라세나(Dracaena marginata 'Tricolor Rainbow)

05
마치 나무 같아요!
작지만 존재감있는 분위기가 매력

대만고무나무 Ficus microcarpa

가지마루라는 이름으로 유통되기도 하며 통통한 줄기가 독특. 내음성이 있지만 햇빛을 잘 받으면 더 튼튼하게 자랍니다. 직사광선은 잎화상의 원인이 되니 레이스 커튼 너머 등의 햇빛이 이상적.
에어컨 바람이 직접 닿으면 잎이 상할 수 있으므로 냉난방을 하는 계절엔 주의. 봄~가을의 성장기에는 겉흙이 마르면 물을 듬뿍 주세요. 겨울에는 물 주는 횟수를 줄이고 분무기로 잎에 물을 뿌려줍니다.

녹보수 Radermachera sinica

화원에서 일반적으로 볼 수 있는 것은 어린 포기. 성장하면서 줄기가 목질화됩니다. 햇빛을 좋아하지만 너무 강하면 잎색이 검게 변합니다. 봄가을에는 흙이 마르면 물을 주세요. 포기가 어릴 때는 건조에 약해 습도를 필요.
분무기로 잎에 물을 자주 뿌려주세요. (줄기가 목질화되면 필요없습니다) 겨울에는 물을 주 1회만. 내한성도 있습니다. 잎에 무늬가 있는 품종도 유통됩니다.

쉐프렐라 콤팩타 Schefflera arboricola 'Compacta'

상록성 관목인 쉐프렐라 미니 버전. 햇볕 쬐는 것을 가장 좋아하지만 그늘에서도 자랍니다. 직사광선도 서서히 길들여지면 괜찮을 정도. 내한성도 있습니다. 성장기에는 한두 번 비료를 주세요.
여름철 고온 환경에서는 뿌리가 물러지면서 손상될 수 있으므로 통풍이 잘 되는 곳으로 이동시키고 화분 받침에 물이 고여있지 않도록 주의합니다.

알로카시아 오도라 Alocasia odora

어딘가 하트로 보이는 잎사귀가 달린 존재감있는 식물. 햇빛이 들어오는 창가 등 밝고 통풍이 잘 되는 장소에서 관리합니다. 고온 다습한 환경을 좋아하니 분무기로 잎에 물을 뿌려 습도를 높여주세요.
에어컨 바람을 쐬면 시들 수 있으니 주의. 성장기인 봄~여름에는 겉흙이 마르면 듬뿍. 성장이 멈추는 겨울에는 일주일에 1~2번을 기준으로 주세요.

코르딜리네 Cordyline terminalis

'홍죽'이라고도 불립니다. 테이블 크기 식물이지만 줄기가 굵고 나무의 품위가 느껴집니다. 햇빛이 약하면 새로 나오는 잎의 발색이 나빠지므로 봄과 가을은 햇빛이 잘 드는 곳에, 여름에는 밝은 그늘에 놓습니다.
겨울에도 유리창 너머의 햇빛을 받을 수 있게 해주세요. 물은 봄~가을에는 겉흙이 마른 후에, 겨울에는 건조한 느낌으로 관리. 분무기로 잎에 물을 자주 뿌려줍니다.

자카란다 Jacaranda mimosifolia

세계 3대 꽃나무 중 하나로 15m까지 자라는 수목. 크게 자라면 꽃이 피지만 실내에서는 개화하지 않습니다. 햇볕이 잘 드는 곳이나 밝은 그늘에 놓습니다. 일조량이 부족하면 낙엽이 질 수도 있습니다.
추위에 약하기 때문에 겨울에 해가 잘 드는 곳에서 기릅니다. 봄과 가을엔 흙이 마른 후, 여름에는 흙이 마르지 않도록 물을 줍니다. 겨울에는 흙을 건조하게 관리하세요.

파키라 Pachira

재물운이 좋아진다고 알려진 관엽식물입니다. 봄~가을에는 화분 겉흙이 마르면, 겨울에는 건조한 느낌으로 물을 줍니다. 일 년 내내 분무기로 잎에 물을 자주 뿌려주세요.
물은 봄여름은 3일에 한 번, 겨울엔 일주일에 한 번, 듬뿍 주는 것이 포인트. 한여름 직사광선만 아니라면 어떤 환경이든 잘 적응하는 식물입니다. 가끔 방향을 바꿔주세요.

커피나무 Coffea arabica

윤기나는 잎이 아름다워 실내 관상용으로 인기가 있습니다. 물은 봄~가을에는 흙이 마르면 듬뿍. 겨울에는 흙이 마른 후, 며칠 지나면 주세요. 무척 튼튼해서 물 마름 상태가 되었다가도 물을 주면 다시 살아납니다.
한여름 직사광선과 한겨울 추위에는 약하지만 햇볕이 드는 실내라면 쉽게 키울 수 있습니다. 1m 정도의 높이로 자라면 향기로운 흰색 꽃과 선명한 붉은 커피 열매가 열리기도 합니다.

06
잎이 무성하게 자라요!
잎이 늘어지며 자라요!
모양의 변화도 재미있어요

슈가바인 Parthenocissus sugarvine

아래로 늘어지는 특성이 있으므로 행잉 바스켓이나 높은 곳에 장식하여 늘어지는 모습을 즐길 수 있습니다. 그늘에서도 견딜 수 있지만 한여름 직사광선은 피하고 해가 잘 드는 곳에 두세요.
물은 흙이 마른 후에. 겨울에는 흙이 마르지 않았더라도 잎이 건조해지므로 분무기로 물을 뿌려주세요.
덩굴을 너무 많이 뻗어 균형이 안 좋아지면 잘라줍니다. 자른 덩굴을 물에 꽂아두면 뿌리가 나옵니다.

아이비 Hedera

강한 햇빛을 받으면 잎이 상하기 때문에 그늘에서 기르지만 어느 정도 햇빛을 쬐야 성장이 빨라지고 튼튼하게 자랍니다. 건조에 강하기 때문에 흙이 마른 후에 물을 주세요. 내한성도 있습니다.
덩굴을 뻗으면서 자라는 특징을 살려 선반 위나 책장 등 높은 곳에 두는 인테리어 식물로도 좋아요. 너무 많이 자라면 가지나 줄기를 중간에서 잘라 전체 균형을 맞춰줍니다.

스킨답서스 Epipremnum aureum

한여름 직사광선은 피하세요. 내음성이 있기 때문에 반그늘에서 키우는 것이 무난. 물은 겉흙이 건조해지면 화분 바닥으로 물이 흘러나올 정도로 듬뿍 주세요. 겨울엔 일주일에 1~2회 정도가 기준.
덩굴성 식물로 줄기가 뻗어나가는 방향을 위를 향하게 키우면 잎이 크게 자라고 늘어뜨려 기르면 잎이 작아집니다. 어떻게 키우냐에 따라 모양이 바뀌는 것도 재미있습니다.

프테리스 Pteris

약 300여 종이 존재합니다. 밝은 그늘에 두고 직사광선은 피합니다. 봄~여름에는 흙이 마르지 않도록 충분히 물을 주세요. 겨울에는 흙이 마른 후에.
자라면서 잎이 빽빽하게 자라서 포근하고 사랑스러운 모습이 됩니다. 화분 바닥으로 뿌리가 보이기 시작하면 한 단계 큰 화분으로 분갈이하며 성장을 보는 것도 즐겁겠지요.

잎 모양과 색깔, 무늬도 각양각색이라 다양한 매력을 즐길 수 있어요.

07
집안에 두면 동양 정취가 물씬!

홍희단풍 Acer palmatum 'Deshoujou'

새싹이 돋을 때는 빨갛게 나오고 여름 무렵이면 녹색으로 바뀌고 단풍철이 되면 다시 붉어지는 품종. 물을 무척 좋아해서 흙이 마르기 전에 줍니다. 여름에는 잎이 마르면 쪼그라들기 때문에 분무기로 잎에 물을 주는 것도 필요.
여름 직사광선은 피하고 반그늘에서 기릅니다. 내한성이 있어 겨울은 괜찮습니다. 실내에서 관리하면 단풍이 들지 않으니 잎색의 변화를 즐기려면 가을에 바깥 공기를 쐬는 것이 좋습니다.

애기등 Milletia japonica

꽃이 피지 않는 등나무. 분재용으로 사랑받아 온 식물. 통풍이 잘 되고 강한 햇빛이 들지 않는 곳에 두되 2~3일에 한 번씩은 밖에 꺼내놓습니다. 겨울철 휴면기에는 햇빛이 필요없기 때문에 난방 없이 실내에서도 관리할 수 있어요. 물 주기 빈도는 봄과 가을엔 1일 1회, 여름은 1일 2회, 겨울은 2~3일에 1회가 기준. 3~5월 새싹 시기에는 흙이 잘 마르기 때문에 물마름이 생기지 않도록 주의합니다.

치자나무 Gardenia jasminoides

영문명으로는 '케이프 재스민'. 무척 향기로운 꽃을 피웁니다. 건조, 추위, 직사광선에 약하므로 주의가 필요. 에어컨 바람을 쐬면 즉시 건조해지므로 직접 닿는 장소는 피합니다. 물은 흙이 마르면 듬뿍. 겨울철에는 물을 적게 줍니다.
꽃이 진 6월에 새 가지를 남기고 가지치기합니다. 8월에 고형 비료를 주세요.

참느릅나무(무늬) Ulmus parvifolia

초봄에 싹이 트고 선명한 신록, 가을은 노란 잎처럼 사계절의 아름다움이 있어 분재로도 인기있습니다.
실내에 항상 둔다면 봄~가을 사이에는 2~3일, 겨울은 1주일 한도로. 관리는 햇볕, 통풍이 잘 되는 곳에서 해주세요.
물을 선호하므로 봄~가을은 1일 1회, 겨울은 2~3일에 1회 물주기가 기준이지만 흙이 축축한 것 같으면 무리하게 줄 필요는 없습니다.

마음에 드는 화분으로 바꿔서 센스 업!

**'우리 집에 온 것을 환영합니다!'
공간에 어울리는 화분으로 바꾸어 본다**

화원에서 파는 미니 관엽식물은 대부분 검정 비닐포트에 심어져 있습니다. 또 화분에 심어져있어도 좋아하는 스타일이 아닐 수 있어요. 그럴 땐 마음에 드는 화분으로 옮겨 심어보세요. 우리집과 잘 어울리는 화분을 볼 때마다 기분이 업! 마음까지 풍성해집니다.

식물과 어울리는 화분을 찾자

① 화분의 소재는 다양해요

화분은 기본적으로 어떤 소재든 괜찮습니다. 그러나 '토기 화분은 통기성이 좋지만 흙이 건조해지기 쉽다', '플라스틱 화분이나 코팅된 도자기 등은 수분 유지에는 좋지만 뿌리가 무르기 쉽다'는 특징을 알고 식물에 맞는 것을 쓰면 됩니다.
금속제는 여름에는 뜨겁고 겨울에는 차가워지기 쉬우며 흙의 온도 변화가 심해지므로 관리에 신경써야 합니다.

② 바닥에 구멍이 있는 화분을 사용해요

어떤 소재의 화분이라도 괜찮지만 꼭 확인해야 할 것이 있습니다. 그것은 바닥에 물 빠짐 구멍이 있어야 한다는 것.
흙은 식물에게 수분과 영양분의 저장고이므로 항상 습해야 하지만 화분 바닥에 물이 고여 있으면 물이 썩으면서 뿌리 부패의 원인이 됩니다.
언뜻 보기에 모순같지만 식물을 심는 흙은 일반적으로 보수성이 뛰어나면서 배수가 잘 되는 것이 적합해요. 양철 캔을 화분으로 쓴다면 바닥에 구멍을 내어 쓰세요.

③ 화분 밑에 받침을 놓는다

화분은 물 빠짐 구멍을 통해 물이 흘러나오기 때문에 반드시 받침이 필요합니다. 받침 접시는 화분과 마찬가지로 토기, 플라스틱제, 도자기, 양철제 등 다양한 소재가 있지만 물을 흡수하는 토기 소재는 실내용으로 적합하지 않습니다. 습기로 인해 받침 밑에 곰팡이가 생길 수도 있으니 주의. 원예용에 구애받지 말고 도자기나 자기, 유리 등 일반 접시를 사용해도 괜찮습니다.
또한 머그컵 등을 받침용 화분 커버로 사용하는 것도 추천합니다. 화분이 작으면 관엽식물이 쓰러지기 쉬워 머그컵 같은 안정감 있는 식기를 커버로 하면 관리하기 쉽습니다. 그러나 받침과 달리 바닥에 고인 물이 보이지 않기 때문에 물이 차지 않도록 자주 확인해야합니다.

화분 받침에 물이 고여있으면 썩어서 식물에 악영향을 준다. 받침의 물은 자주 버리고 청결 유지.

잎이 옆으로 퍼지는 스타일의 미니 관엽식물은 무게가 있는 화분이나 화분 커버에 담으면 안정감 있다.

작은 화분도 종류는 다양. 여러 가지 소재를 쓰다 보면 집안 환경과 자신의 관리 스타일에 적합한 것이 무엇인지 알게 된다.

모아 심기? 아니요, 모듬 화분입니다!

몇 가지 식물을 한 화분에 심는 모아심기는 심는 방법이 어려울 것 같아 쉽게 엄두가 나지 않습니다. 하지만 모듬 화분이라면 구입한 그대로 비닐포트를 넣어주면 끝. 식물 교체도 간단합니다. 또한 물 주기 조건이 다른 종류도 조합할 수 있어요

재료

식물(안쪽부터 시계 방향으로 몬스테라, 넉줄고사리, 피토니아 화이트스타), 바구니, 바크칩(멀칭재), 포장용 완충제

높이가 다른 것, 잎색과 모양이 다른 것을 배열하면 변화가 생겨서 그린 톤이 아름다운 모듬 화분이 된다.

1 바구니 바닥에 에어쿠션을 깔고 모듬화분으로 만들고 싶은 식물을 배치.

2 화분 틈새를 바크칩으로 채워 화분을 고정시킨다.

3 바크칩으로 화분 표면을 가려 모아심기처럼 보이게 한다.

{ BASIC PLANTING METHOD }

기본 분갈이법 | 미니 관엽식물

미니 관엽식물의 기본 분갈이 방법을 알려드립니다. 주의할 점은 물을 줄 때 물이 넘치거나 튀어서 실내가 더러워지는 것을 막기 위한 워터 스페이스를 만드는 것.
화분 테두리에서 1cm이상 내려가도록 심습니다. 실내에서 할 때는 신문지나 방수 시트 등을 깔고 하세요.

\ START /

1 화분의 물 빠짐 구멍이 가려지도록 깔망을 잘라 물 빠짐 구멍 위에 놓는다.

2 화분 물 빠짐 구멍을 가릴 만큼 화분 밑돌을 넣는다.

준비물

식물(대만고무나무), 관엽식물용 분갈이흙(용토), 화분밑돌, 화분깔망, 멀칭용 모래나 조약돌

※ 작은 화분에 적당한 크기의 모종삽이나 나무젓가락 등을 사용합니다.

미니 관엽식물은 5호 화분까지 추천

화분의 크기는 '호'로 표시됩니다. 1호는 지름 약 3cm, 3호 화분은 지름이 약 9cm입니다. 식물의 크기에 맞게 화분 크기를 고르세요. 테이블에 놓을 정도의 관엽식물을 한 손으로 쉽게 옮기려면 5호 화분까지가 적당. 화분의 두께와 높이에 따라 필요한 흙의 양은 달라지나 여기서는 일반적인 기준을 소개합니다.

1호 화분
지름 약 3cm
흙의 양 0.02ℓ

2호 화분
지름 약 6cm
흙의 양 0.08ℓ

3호 화분
지름 약 9cm
흙의 양 0.3ℓ

4호 화분
지름 약 12cm
흙의 양 0.6ℓ

5호 화분
지름 약 15cm
흙의 양 1ℓ

3 분갈이 흙을 조금 넣는다. 화분 1/3 정도의 높이가 기준

5 밑동과 수평이 될 때까지 모종 틈으로 흙을 넣는다.

7 마지막으로 흙표면이 보이지 않도록 모래나 조약돌로 덮어 멀칭한다.

/ FINISH \

4 모종을 모종포트에서 꺼내 새 화분에 넣고 밑동이 화분 테두리에서 1cm 이상 아래에 있도록 넣는다. 아래쪽 흙을 알맞게 조절.

6 흙을 나무젓가락 등으로 찔러보고 흙이 꺼지면서 틈이 생기면 분갈이 흙을 더 넣는다. 뿌리를 건드리지 않도록 주의.

미니 관엽식물 관리 포인트

튼튼해서 누구나 쉽게 키울 수 있다!
계절별, 품종별로 관리법을 익혀 늘 건강하게

기르는 법을 연구해서 오랫동안 함께 하는 반려식물로

관엽식물은 일년내내 아름다운 잎을 볼 수 있어 관상으로 사랑받아 왔습니다. 원산지도 다양. 열대성 식물부터 고산 식물까지 광범위하며 환경에 따라 기르는 장소와 관리법이 크게 달라집니다. 그래서 건강하게 키우려면 약간의 연구가 필요합니다. 두는 곳이나 관리에 신경을 써주세요. 건강하게 오래오래 같이 하기 위한 기본 관리법을 소개합니다.

두는 장소

통풍이 잘 되며 직사광선은 피하되 해가 잘 들어오는 곳이 가장 좋습니다. 어쩔 수 없이 해가 잘 들지 않는 곳에서 키워야 한다면 가끔 자리를 옮겨서 햇빛을 쬐어주세요.
대부분의 관엽식물은 겨울에는 휴면하며 다른 계절보다 허약해지므로 봄이 되어 갑자기 강한 햇빛을 쬐면 힘들 수 있습니다. 레이스 커튼으로 조절하는 등 서서히 햇빛에 노출시켜주세요.

4~5월이 되면 일조 시간을 길게 해줍니다. 하지만 햇빛을 싫어하는 품종도 있으니 주의가 필요. 여름에는 특히 직사광선에 주의. 강한 햇빛에 잎이 타서 변색됩니다. 또한 에어컨 바람이 직접 닿는 장소에 두지 않도록 하는 것도 중요.
가을에는 휴면에 들어가기 위한 체력을 비축해야합니다. 10월 정도까지는 적극적으로 햇빛을 쬘 수 있도록 해주세요.
겨울엔 햇빛을 받는 것보다 따뜻한 장소에 두는 것이 더 중요합니다. 난방이 너무 잘 되면 건조해지니 튼튼하게 기르고 싶다면 가습기도 추천합니다.

물 주기

물 주기는 하루에 무조건 한번, 이런 식으로 결정해버리는 것이 아니라 흙의 건조 상태에 맞춰야 합니다. 건조에 강한 품종의 경우 겉흙이 마른 다음날, 건조에 약한 품종의 경우 겉흙이 마르기 시작한 타이밍에 물을 줍니다. 물은 충분히 주는 게 기본. 화분 바닥에서 깨끗한 물이 나올 때까지 줍니다.
물을 주면 함께 산소도 공급되기 때문에 뿌리 부패를 방지할 수 있습니다. 화분 받침의 물은 반드시 버려주세요. 또 잎에 물을 분무해 공중 습도를 높이는 것도 잊지 마세요.

많은 관엽식물은 열대에서 아열대라는 습도가 높은 지역이 원산지라 잎에 분무기로 물을 뿌리는 것이 매우 중요합니다.

관리

관엽식물은 이름 그대로 잎을 감상하는 식물입니다. 잎 표면이 더러워졌을 때는 천에 물을 적셔 부드럽게 닦아주세요.
잎 표면에 있는 기공이 먼지 등으로 막혀버리는 것도 방지할 수 있고 응애나 흰가룻병같은 병해충 방제도 되어 건강하게 유지하는 데 도움이 됩니다.
또한 비실비실하게 약해보이는 경우가 있습니다. 주요 원인은 일조 부족입니다. 밝고 통풍이 잘 되는 곳으로 옮겨보세요.
화분 물 빠짐 구멍으로 뿌리가 나오거나 물을 줘도 흙이 금방 말라버리는 것은 뿌리가 꽉 차 있기 때문. 이런 상태가 되었을 때나 균형이 맞지 않는 것처럼 느껴지면 한 단계 큰 화분으로 분갈이해주세요.

비료

비료는 식물이 휴면하는 10월~3월을 제외하고 적당히 줍니다. 너무 많이 주면 지나치게 자라서 미니 사이즈를 벗어나게 됩니다. 흙 위에 올려놓으면 물을 줄 때마다 조금씩 녹아 흙에 스며드는 입자 모양 고체 비료와 빠른 효과가 있는 액체 비료가 있습니다.
안정적 관리를 위해서 고체 비료를 기본으로 하고 봄 생육기나 물로 비료가 흘러나오는 여름철 등엔 액체 비료를 첨가하는 등의 궁리가 필요합니다.

MEMO

작은 식물 관리에는 작은 도구가 편리

작은 식물은 흙을 비롯한 원예 자재가 적게 들어가고 이동이 쉬워 키우기 쉽습니다. 그러나 어려운 점도 있는데 이 또한 작기 때문입니다. 그 중 하나가 분갈이 작업을 할 때 자잘한 어려움이 많다는 것. 식물을 지탱하면서 화분에 흙을 넣는 작업이 의외로 어렵습니다.
이럴 때 작은 도구들이 있으면 무척 편리합니다. 원예점에서 다양하게 판매하고 있으니 찾아보세요. 원예용품 이외에도 특히 핀셋을 추천합니다. 가늘고 민감한 뿌리를 화분에 밀어 넣거나 줄기를 끌어내는 등 다양한 상황에서 유용합니다. 또 스푼이나 포크 등 커트러리 류도 사용 가능합니다.
이런 작은 용품들은 편리할 뿐만 아니라 빈 깡통에 담아 인테리어로도 즐길 수 있습니다. 귀여운 도구들을 모아보세요.

균일가 숍에도 원예용품이 구비되어 있어 귀여운 원예 잡화를 찾을 수 있다.

> 인기 인터넷 꽃집 주인에게 궁금한 것을 물어봤습니다

식물, 인터넷으로 실패없이 사는 법

인터넷에서 구입하면 어떤 점이 좋을까?

인터넷 쇼핑몰에서 식물을 구입해 본 적이 있나요? 화원까지 가지 않고 집에서 느긋하게 상품을 고를 수 있고 무겁게 들고 올 필요없이 배달된다는 편리함이 있습니다. 반면 상품을 실물로 보지 않고 구매해야 한다는 리스크도 있지요.

특히 식물은 살아있기 때문에 상태를 눈으로 직접 확인한 후 구입하고 싶은 분도 있을 것입니다. 인터넷 쇼핑의 장점은 배송 뿐 아니라 근처 인근 화원이나 마트에서는 찾기 힘든 인기 품종이나 희귀 품종 등을 풍부하게 갖추고 있다는 것. 그리고 식물에 대한 많은 정보를 알려주며 도움이 되는 컨텐츠가 가득하다는 점도 매력적입니다.

HOW TO BUY
사는 법

1. 키우다가 궁금한 점이 있을 때 문의가 가능한가요?

쇼핑몰마다 다르겠지만 대부분의 샵에서는 문의가 있으면 조언을 해드립니다. 또한 상품을 발송할 때 식물마다 기르는 방법 가이드를 만들어서 동봉하기도 합니다. 그것을 참고해서 키워보시고 궁금한 것은 문의해 보세요.

2. 인터넷 쇼핑몰을 어떻게 선택해야 할까요?

수많은 쇼핑몰에는 각각의 특징이 있습니다. 관엽식물 전문점, 다육식물 전문점, 초보자용, 상급자용. 구비된 상품과 구입 가이드 등을 확인하면서 자신에게 맞는지 판단해보세요.

3. 어떤 형태로 팔고 있나요?

분갈이가 필요한 비닐포트에 담은 것도 있고 바로 장식할 수 있는 화분에 심어 파는 것도 있습니다.
화분을 직접 선택하고 싶은 분들을 위해 크기는 물론 소재와 모양을 엄선한 화분을 다수 준비하고 있습니다. 또 심을 때 필요한 원예자재, 장식하기 위한 화대(화분을 올려놓는 받침) 등도 판매합니다.

4. 화면에 나오는 이미지랑 똑같나요?

보통 평균 품질의 식물을 골라 촬영하기 때문에 샘플과 다르다는 불만은 거의 없습니다. 이미지보다 품질이 떨어지는 것은 판매하지 않습니다. 품질 판별 기준은 일반적인 화원보다 엄격한 편입니다.

5. 반품이나 교환은 가능한가요?

상품에 하자가 있는 경우에 한해 가능합니다. (저희는 상품 도착 후 7일 이내)
사전에 홈페이지 또는 전화로 사전 연락을 받으면 반품 및 교환 등 원하는 방법으로 대처하고 있어요.

6. 도착하기 전에 준비해 둘 도구가 있나요?

최소한 물뿌리개는 있어야 합니다. 입구가 좁고 수압이 부드러운 물뿌리개를 추천합니다. 배양토나 비료 등 원예자재, 가위 등의 다른 도구는 필요하게 되면 추가로 구입하면 됩니다.

7. 어떤 상태로 보내지나요? 도착하면 우선 해야 할 것은 무엇인가요?

식물이 움직이지 않도록 완충재를 넣은 전용 골판지 상자에 넣어 발송합니다. 상자에서 꺼내면 동봉된 키우는 법 가이드를 참고하면서 둘 장소를 정하세요.
화분에 심은 완성품도 많기 때문에 바로 자리를 잡을 수 있습니다.

인터넷 꽃집 e-hanayasan은 1881년 도야마현에서 창업하여 원예·조경업을 경영하는 오이센슈엔(大井仙樹園)에서 운영하고 있는 관엽식물 전문 인터넷 쇼핑몰. 주인 후루에 다카시 씨에게 인터넷 쇼핑몰에서 살 때 실패하지 않는 포인트부터 식물 장식하는 법, 키우는 법까지 물어보았습니다.

e-hanayasan
2005년 라쿠텐 시장 내에 관엽식물 전문점으로 설립. '가장 친절한 인터넷 쇼핑몰'을 목표로 운영하고 있어 구매자들의 평가가 좋다. 특히 초보자용 식물 고르는 법과 키우는 법에 대한 조언과 콘텐츠로 인기가 많다.

압축봉과 S자 후크를 사용하여 간편하게 매달아주는 아이디어. 마크라메 행잉을 사용해도 멋스럽다.

HOW TO DECORATE AND CHOOSE
장식하는 법 + 고르는 법

1
초보자도 실패없이 즐길 수 있는 관엽식물은?

저희는 초보자도 실패하지 않고 오래 즐길 수 있는 식물을 구입할 수 있는 인터넷 쇼핑몰이므로 실제로 팔고 있는 식물이 모두 해당됩니다.
식물을 오래 즐기기 위한 요소 중 가장 중요한 것은 '생김새가 마음에 드는 것'. 먼저 자신이 귀엽다고 느끼는 식물을 선택하는 것이 좋아요.

2
관엽식물을 센스있게 장식하는 요령은?

매다는 방법을 가장 추천합니다. 식물을 걸어놓는 것만으로 방 분위기가 확 달라지거든요.
큰 식물은 부피가 있어 공간이 필요하고 그렇다고 작은 식물은 눈에 띄지 않는 것이 고민이라면 매다는 것으로 공간도 존재감도 해결됩니다.

3
식물과 오래 함께 하는 방법은?

오래 잘 키우는 비결은 통풍이 잘 되는 곳에서 키우는 것. 선반에 올려놓는 것보다 매달아 두는 편이 통풍이 잘 됩니다.
매달면 시야에 잘 들어오기 때문에 식물의 변화를 바로 눈치 챌 수 있습니다. 그래서 '어느 날 보니 시들어 있었다'와 같은 비극을 줄일 수 있습니다. 시간이 없는 분도 키울 수 있습니다. 휴일에만 화분당 1~2분 정도씩 돌보면 되거든요.

4
애초에 장식할 장소가 없을 경우에는?

장식할 곳이 없다면 매달면 해결. 하지만 매달 곳이 없는 분들도 있겠죠. 식물은 창가를 좋아하는 종류가 많은데 창가에 장식할 공간이 없는 분들도 있을 거예요.
그럴 때는 심플하게 창문 앞에 걸리적거리지 않을 정도의 받침대를 두면 됩니다. '장식할 장소가 없다'면 '장소를 만들겠다'고 생각하고 찾아보세요.

5
햇볕이 들지 않는 곳에서도 자라나요?

대부분의 관엽식물은 간접 조명 정도의 밝기로도 괜찮습니다. 관엽식물은 원래 환경 적응 능력이 높습니다. 그리고 식물은 순하기 때문에 인간 위주의 환경에서도 열심히 따라와 주려고 하지요.
하지만 식물은 원래 밝은 곳을 좋아합니다. 식물과 더 친해지면 식물 위주의 환경도 고려해보세요.

6
'북유럽풍 인테리어의 법칙'처럼 궁합이 잘 맞는 조합이 있나요?

식물의 초록은 어떤 인테리어와도 잘 어울립니다. '식물'을 고르기보다는 인테리어에 어울리는 '화분'을 고르는 것이 좋습니다. 예를 들어 바닥재가 밝다면 밝은 색 화분이 어울립니다. 또한 사이즈 선택도 중요합니다. 좁은 방에 큰 식물을 장식하면 압박감이 생기니 주의하세요.

인기 인터넷 꽃집, e-hanayasan 추천!

멋진 비주얼에 어느 새 푹 빠져요
관엽 식물 추천 리스트

수많은 관엽식물 중에서 멋진 생김새를 가지고 있으면서도 키우기 쉬운 것을 추천받았습니다. 쇼핑몰을 구경하듯 즐겨보세요.

화사한 소포라를 거친 느낌의 화분에 심었더니 의외로 잘 어울리네요. 어떤 인테리어와도 자연스럽게 어우러집니다.

이렇게 가는 줄기에서 크나큰 힐링을 받는다

마오리 소포라
Sophora prostrata 'Little Baby'

콩과 / 높이(화분 포함) 30~40cm
화분 크기 3.5호

구불구불 휘어진 가느다란 가지. 분재같은 관엽식물은 누구에게나 인기 만점! 화사하고 섬세해 보이지만 실은 야외에서 월동이 가능한 터프함을 갖고 있어서 놀랍습니다. 좀처럼 꽃은 피지 않지만 여러 해 키우다보면 언젠가 꽃을 볼 수 있을지도 몰라요.

두는 장소
가급적 햇빛이 잘 들어오고 통풍이 잘 되는 곳. 너무 어두우면 낙엽이 생겨요. 내한성이 강해 난방이 없는 공간에서도 월동할 수 있습니다.

기르는 법
물은 다른 식물과 마찬가지로 '화분 흙이 말랐을 때 듬뿍' 줍니다. 다만 다른 식물과 비교했을 때 건조에는 약해요. 물이 적으면 낙엽이 집니다. 배수가 잘 되는 흙에 심고 물을 제대로 주면서 키우세요.

1 소포라를 이끼공으로 만들었어요. 꼭 분재같이 생겼네요. 유리 플레이트에 올려두면 보기에도 시원스럽습니다.
2 소포라의 가느다란 가지와 작은 잎사귀. 햇볕을 받으면 라임색 새싹이 돋습니다. 진한 초록색과의 대비가 아름답습니다.

박쥐란 베이치
Platycerium Veitchii'

고란초과 / 높이(화분 포함) 30~50cm
화분 크기 5호

박쥐란은 2종류의 잎이 있는 재미있는 양치식물. 특히 저수엽이라고 불리는 잎은 성장하면 '사슴뿔'같은 모양이 되며 박력 있는 비주얼이 됩니다. 많은 품종이 있지만 베이치가 키우기 쉽고 비주얼도 뛰어납니다.

두는 장소
실내의 밝고 통풍이 잘되는 곳이 이상적. 관엽식물 중에서도 그늘에 강한 편이기 때문에 인테리어 식물로 활용하기 좋습니다. 환경 적응력도 높습니다.

기르는 법
매달아 장식하면 매력이 더욱 돋보입니다. 애호가도 많으며 기르는 방법을 따지기 시작하면 너무 깊이 들어가야 합니다. 베이치와 같은 입문 품종이라면 초보자도 편안하게 키울 수 있습니다.

생김새가 근사하고 키우기 쉽고 거의 시들지 않는다

1 걸어놓는 것만으로 집안 분위기가 바뀌는 존재감. 받침이 있는 화분이라면 물이 떨어질 염려도 없어요.
2 심플한 검정 화분에 심어 그대로 두면 어딘가 귀여움이 감돌아요.

나무 화대(위)나 화분 커버(아래)를 이용하면 더욱 자연스러워요.

윤기나는 독특한 잎. 원하는 대로 덩굴을 뻗게 해 흰 벽을 배경으로 모던한 정글 이미지 연출

'뭐지, 이 찢어진 잎은?' 몬스테라의 첫인상이었어요.

히메 몬스테라
Rhaphidophora tetrasperma'

천남성과 / 높이(화분 포함) 35~45cm
화분 크기 5호

잎 모양이 찢어진 듯하게 자라는 인기 관엽식물. 일반 몬스테라는 자라면 커지기 때문에 자리를 너무 많이 차지하게 됩니다. 하지만 히메 몬스테라는 컴팩트한 수형을 쉽게 유지할 수 있어 좁은 방에서도 부담없이 즐길 수 있습니다.

두는 장소
실내의 밝고 통풍이 잘 되는 곳. 창가보다는 강한 빛이 닿지 않는 곳을 추천합니다. 내음성도 있습니다.

기르는 법
물은 흙이 마르면 듬뿍 주세요. 겨울에는 10도 이상의 장소를 추천합니다. 너무 크게 키우고 싶지 않다면 1년에 1~2번 가지치기를 하면서 키우세요.

1 미니타입이면 책상 옆에 두어도 좋아요. 물결치는 신선한 초록색 잎사귀를 보며 힘든 일이 있어도 잠시 잊어보세요.

2 이런 이끼공 스타일도 있어요. 이미 고리가 달려있어 벽시계나 달력을 벽에 거는 정도의 기분으로 부담없이 즐길 수 있어요.

크리스피 웨이브
Asplenium nidus 'Crispy Wave'

꼬리고사리과 / 높이(화분 포함) 22~30cm
화분 크기 4호

스기모토 진롱원(sugimoto-shinryuen.com)이 고생 끝에 만들어낸 아름다운 양치식물. 탄생 비화는 메이지시대까지(1867~1912년대)거슬러 올라갑니다. 진롱원의 2대째 하루오 씨가 한번도 본 적 없는 양치식물을 발견하고 첫눈에 반했다고. 그 후 육종선발을 몇 번이고 거듭하여 겨우 생산된 것. 세계 최대 원예 박람회(International Pflanzen Messe) 최우수상 수상. 암전한 얼굴을 하고 있지만 실은 대단한 녀석이랍니다.

두는 장소
양치식물은 그늘에 강한 것이 특징. 그늘이 여의치 않다면 햇빛을 받아도 괜찮습니다. 실내 여러 장소에서 즐길 수 있습니다.

기르는 법
일반 관엽식물과 거의 동일하지만 건조에는 약한 편. 그렇다고 해도 일주일에 여러 번 물주기가 필요한 건 아니니까 편하게 키워보세요. 내한성 기준은 8도.

팬다 고무나무
Ficus microcarpa 'Panda'

뽕나무과 / 높이(화분 포함) 16~20cm
화분 크기 2.5호

'행복을 가져다주는 정령이 깃든 나무', '다복 나무' 등으로 불리는 대만고무나무는 인기 많은 식물입니다. 그 중 팬다 고무나무는 이름도 생김새도 귀여워서 큰 인기. 큰 사이즈보다 작은 사이즈가 매력을 만끽하기 좋습니다.

두는 장소
팬다 고무나무는 내음성도 다소 있지만 햇빛을 매우 좋아합니다. 창가에서 키우는 것을 추천합니다.

기르는 법
밝고 통풍이 잘 되는 곳에서 키우면 흙은 정기적으로 마릅니다. 뿌리 부패가 무서워서 물 주기를 주저하는 사람도 있는데 햇볕이 드는 곳에서의 물 부족은 낙엽의 원인이 되기도 하므로 주의.

도톰하고 윤기있는 잎사귀가 매력적입니다

까칠까칠한 촉감의 투박한 화분에 심어주니 등근잎이 역시 귀엽네요. 미니 사이즈이므로 놓을 장소를 정하는 것도 쉽습니다.

엔조이 스킨답서스
Epipremnum aureum N'Joy'

천남성과 / 높이(화분 포함) 12~15cm
화분 크기 2.5호

'가장 아름다운 스킨답서스'로 불리는 엔조이 스킨답서스. 아름다울 뿐 아니라 스킨답서스 중에서 내병성, 내한성 등도 뛰어납니다. 그러나 성장은 다른 스킨답서스에 비해 느립니다. 컴팩트한 수형을 유지하는 식물을 찾는다면 추천.

두는 장소

밝고 통풍이 잘 되는 곳. 강한 빛은 피합니다. 다른 식물보다는 환경 적응 능력이 뛰어나 실내 여러 장소에서 즐길 수 있습니다.

기르는 법

'키우기 좋은 관엽식물'에 반드시 이름을 올리는 스킨답서스. 유일한 약점은 내한성이 거의 없다는 점. 엔조이 스킨답서스는 물을 적게 주면 5도 정도까지 추위를 견딥니다. 물이 적어지면 잎이 나긋나긋해집니다. 물마름 사인도 알기 쉬워 초보자에게 좋습니다.

마치 조화같은 거친 모습과 귀여움을 겸비했어요

미니사이즈라면 부담없이 세면대 옆 등에 둘 수 있어요. 예쁜 잎사귀를 보면 마음이 넉넉해집니다.

파키라
Pachira aquatica

아욱과 / 높이(화분 포함) 45~55cm
화분 크기 4호

'행운을 가져다주는 돈 나무'로 불리며 선물의 단골 아이템이었던 파키라. 요즘은 직접 구입하여 키우려고 찾는 사람들이 많아졌어요. 예전보다 수형이 세련된 것들이 많아졌으며 풍수에도 좋은 아이템으로 꼽힙니다.

두는 장소

양지를 좋아하는 식물이지만 그늘에도 강해요. 환경 적응 능력이 뛰어난 식물. 겨울에는 물 주기를 줄이면 5도 정도까지 버틸 수 있지만 가능하면 따뜻한 곳에서 키우세요.

기르는 법

물 주기는 잠시 잊어도 괜찮아요. 초보자나 바쁜 분에게 강력추천하고 싶은 식물. 너무 크게 키우고 싶지 않다면 봄에 가볍게 가지치기를 해줍니다. 줄기가 녹색인 부분을 자르는 것이 요령. 약간 건조하다 싶게 키우면 성장 속도를 늦출 수 있습니다.

파키라를 좋아하지만 흔하지 않은 스타일을 갖고 싶다면

1 파키라의 잎은 자세히 보면 별 모양입니다. 잎이 크고 작은 자태로 포개져 있는 모습이 아름답습니다.
2 줄기가 꼬불꼬불한 것도 있고 이런 통통한 애교쟁이같은 것도 있습니다. 좋아하는 것을 찾는 것도 즐겁습니다.

틸란드시아 세로그라피카
Tillandsia xerographica

파인애플과 / 크기(지름) 8~12cm

'에어플랜츠의 왕'으로 간주되는 인기 품종. 흙도 화분도 없는 상태로 살고 있다니 놀랍습니다. 잡화처럼 취급되기도 하지만 제대로 키우면 꽃도 피우는 드라마틱한 식물. 조금씩 커지기도 해요. 성장을 느끼게 되면 더 애착이 생깁니다.

두는 장소

그늘에도 매우 강해 잡화 감각으로 꾸밀 수 있지만 실은 바람을 매우 좋아합니다. 통풍을 확보하기 위해서라도 매달아 두는 것이 바람직한 방법.

기르는 법

에어플랜츠는 '물주기가 필요없다'라고 생각하기 쉽지만 정기적으로 물을 줘야 합니다. 분무기로 잎에 물을 뿌려줄 때는 흠뻑 적실 정도로. 그 물을 '2~3시간 만에 말린다'는 것이 중요.
그러려면 가능한 통풍이 잘 되는 장소에서 키우는 게 좋겠지요. 잘 마르지 않는 곳에서 기른다면 물 살포량을 조절합니다.

이게 식물이라니, 이렇게 두어도 살아있다니, 대단하지 않아?

1 마끈에 묶어 매달기만 해도 멋지지요..
2 인기 많은 에어플랜츠 스탠드. 와이어에 꽂아놓기만 해도 오브제 같은 분위기가 됩니다.
3 테이블 위에 툭, 무심히 놓아도 사랑스러워요.

매달면 새가 날개를 편 듯한 멋진 모습. 햇볕을 받은 새싹은 어른스러운 적갈색이 됩니다.

근사해요! 잎이 넓은 립살리스

립살리스 엘립티카
Rhipsalis elliptica

기둥선인장아과 / 높이(화분 포함) 30cm 화분 크기 5호

끈선인장이라고 불리는 립살리스. 대부분 품종이 끈처럼 가는 잎이지만 엘립티카처럼 잎이 큰 품종도 있습니다. 튼튼하고 관리도 간단. 잎이 늘어질수록 세련되어 보이는 립살리스는 '키우는 인테리어'. 늘어지게 키우는 식물 중에서도 특히 인기 만점.

두는 장소

통풍이 잘 되는 장소에서 키웁니다. 강한 빛은 싫어하므로 창가의 경우 레이스커튼을 달아줍니다. 내음성도 강해 인테리어 식물로 좋습니다. 높은 곳에 장식하면 멋스러워보여요.

기르는 법

숲속에 자생한다고 해서 '산림 선인장'이라고도 불립니다. 흙은 약간 마른듯해도 괜찮습니다. 하지만 습도는 약간 높은 것을 좋아합니다. 너무 어렵게 생각하지 마세요. 다른 관엽식물과 거의 비슷하게 관리하면 문제없이 키울 수 있어요.

호야 카노사
Hoya carnosa

박주가리과 / 높이(화분 높이)
15~25cm / 화분 크기 4호

아름다운 꽃이 피는 관엽 식물. 호야 중에서도 카노사는 특히 키우기 쉬운 입문 품종으로 잎에 무늬가 있는 것이 일반적. 무늬가 없는(그린) 쪽이 인테리어와 잘 어울리며 초록잎 카노사를 찾는 팬도 있습니다.

두는 장소
어느 정도의 그늘과 추위에 견디기 때문에 실내에서 장식하기 쉽습니다.

기르는 법
건조에 강해 키우기 쉬운 관엽식물. 솜뭉치와 같은 깍지벌레가 생길 수 있으니(움직이거나 날지 않으니 안심하세요) 발견하면 면봉 등으로 닦아내세요.

귀엽고 멋스럽고 신기한데 꽃까지 핀다고?

1 세울 수 있는 스탠드가 포함된 양철 화분 커버로 코디. 높이가 있으면 덩굴의 길이가 돋보입니다. 물론 스탠드 없이 그대로 두는 것도 추천.
2 덩굴성이므로 마크라메 행잉에 딱 어울립니다. 호야도 화분도 단색이라 인테리어를 방해하지 않고 꾸미기 좋습니다.

슈가바인
Parthenocissus sugarvine

포도과 / 높이(화분 포함)18~25cm
화분 크기 4호

덩굴성 식물하면 아이비나 스킨답서스를 떠올리는 분들이 많을 것입니다. 그 중에서 '세련 지수'로 꼽으면 슈가바인이 일등일 것 같아요. 덩굴이 부드러워 아래로 예쁘게 늘어집니다. 우아하면서도 부드러운 분위기가 아름다워요.

두는 장소
신문 글씨를 스트레스 없이 읽을 수 있는 정도의 밝기에서 키우면 괜찮습니다. 추위에도 강해 0도까지 견딜 수 있습니다. 한랭지의 실내 식물로 의지할 수 있는 존재.

기르는 법
그늘, 추위에 강한 반면 여름철 더위에는 다소 약합니다. 거실처럼 사람이 쾌적하게 보낼 수 있는 장소라면 괜찮습니다. 덩굴을 길게 뻗으면 멋스럽지만 적당히 잘라 볼륨감을 주는 것도 좋아요.

1 내추럴한 바구니를 화분 커버로 사용. 잎을 봉긋하게 만들어 테이블에 두면 꽃 못지않은 화려함을 자랑합니다.
2 광택이 있는 화분은 색이 화려해도 매우 고급스러워요. 슈가바인과 매치하면 우아한 인테리어에도 잘 어울립니다.

바로크 벤자민
Ficus benjamina barok

뽕나무과 / 높이(화분 포함)35~45cm
화분 크기 4호

안경같은 잎이 특징인 벤자민. 뱅글뱅글 말린 인상적인 잎사귀는 인기가 많습니다. 그러나 생산이 어려운 식물로 생산 농가는 많지 않아요. 관심있는 분들은 발견했을 때 꼭 구입하세요.

두는 장소
벤자민은 관엽식물 중에서도 빛을 선호하는 편. 햇빛은 필수. 창가에 공간을 확보할 수 있다면 좋은 선택!

기르는 법
해가 잘 드는 곳에서 키우고 흙이 말랐을 때 물을 듬뿍 주세요. 일조량이나 물이 부족하면 낙엽의 원인이 됩니다.
물을 너무 많이 줘서 뿌리 부패가 생기는 것을 방지하는데도 '좋은 환경에서 키우는 것'이 가장 좋은 비결.

화분 하나로 여러 번 즐길 수 있는 뱅글뱅글 안경 모양 잎사귀

1 달걀같이 생긴 세련된 흰색 도자기 화분에 심은 바로크 벤자민. 내추럴은 물론 모던, 동양적인 그 어떤 인테리어와도 잘 어울립니다.
2 바로크 벤자민의 잎사귀. 햇빛 잘 드는 곳에서 키우면 뿔처럼 귀여운 새싹이 돋아요. 새로 나온 잎의 연한 초록빛도 햇빛 속에서 더욱 아름다워보입니다.

프랑스 고무나무
Ficus rubiginosa

뽕나무과 / 높이(화분 포함) 40~60cm
화분 크기 4호

'키우기 쉬운 관엽식물'에 반드시 언급되는 고무나무. 프랑스 고무나무는 일반 고무나무에 비해 내한성은 떨어지지만 외형이 고급스럽습니다.
테이블 크기인 것, 가지가 구부러진 것 등, 변종이 많은 것이 특징. 화분을 바꾸면 더 멋스러워요.

두는 장소
양지에서는 물론 얼마간의 그늘에서도 견딜 수 있어서 인테리어 식물로 편리. 바닥에 둘 크기를 찾고 있다면 '작을 때부터 기른다'보다는 '처음부터 큰 것을 선택한다'를 추천.

기르는 법
다른 고무나무보다 내한성이 약간 떨어집니다. 물을 제한하면 5도 정도까지 버틸 수 있지만 가능하면 8도 이상인 장소에서 키우세요. 화분 흙이 마르면 물을 줍니다. 비교적 물을 잘 흡수합니다.

휘어진 줄기를 가진 식물에 '표정'이 있다

1 구부러진 줄기의 모양이 독특한 프랑스 고무나무. 풍취는 그야말로 예술적. 세로로 긴 화분에 심으면 식물이 더 커 보입니다.
2 휘어지는 방식이 개성적이라 흰 벽을 배경으로 장식하면 수형의 아름다움을 즐길 수 있어요.

> 너무 예쁜 블랙!
> 흔하지 않은
> 검은 잎사귀

블랙 금전수
Zamioculcas zamifolia 'Raven'

천남성과 / 높이(화분포함) 25~30cm
화분 크기 4호

자태가 멋스러워 예로부터 인기가 많았던 금전수. 블랙금전수는 최신 품종입니다. 색깔이 너무 멋있어요. 또 다른 특징은 성장이 굉장히 느리다는 것. 일 년에 몇 센티미터밖에 자라지 않는다고 합니다. 최근에는 이런 잘 자라지 않는 식물이 인기가 많습니다.

두는 장소
밝고 통풍이 잘 되는 곳에서 기릅니다. 여름의 강한 햇빛은 피하세요. 그늘에서도 꽤 견디는 품종이지만 적당히 햇빛을 받아야 더 탄탄한 모습으로 자랍니다.

기르는 법
다른 관엽식물과 거의 동일하나 물은 약간 적게. 건조에 매우 강한 품종입니다. 특히 고온기나 저온기에 물을 너무 많이 주면 썩어버리니 주의.

사랑스러운 도자기 화분. 개성적인 식물에는 개성적인 화분이 잘 어울립니다.

돌의 질감이 확실하기 느껴지는 화분과 함께.

심플한 검은 화분과 검정잎 식물의 조합.

시크한 색으로 고르면 플라스틱 화분도 고급스럽게 보인다.

커피 나무

꼭두서니과 / 높이(화분 포함) 25~30cm
화분 크기 2.5호

커피원두에서 발아한 것이 커피 나무. 하지만 나무가 커야 열매를 얻을 수 있어 가정에서는 '관상용'으로 많이 기릅니다. 광택이 나는 잎이 귀엽고 그늘에도 강합니다. 이름도 귀엽습니다. 추천하고 싶은 관엽식물 중 하나.

두는 장소
겨울철 추위를 조심할 필요가 있지만(10도 이상 권장) 그늘에 강해 실내 관엽식물로는 장식하기 쉬운 식물.

기르는 법
수분이 적어지면 잎이 축 처집니다. 다른 식물과 비교했을 때 물마름 신호를 알기 쉬운 것도 특징 중 하나. 건조한 느낌으로 관리해주면 성장 속도를 늦출 수 있습니다.

1 마치 카페오레 컵같은 화분과 커피 나무. 작은 사이즈로 이동하기 좋아 인스타 소품으로도 손색이 없어요.
2 원두에서 발아하여 광택이 나는 아름다운 잎의 관엽식물.

테이크아웃 커피컵에 야자나무 칩을 넣고 심은 커피 나무. 컵에 물을 준 뒤, 불필요한 양을 버리면 됩니다.

> 참 귀여운
> 커피 나무

자꾸만 모으고 싶은 귀여운 존재

SUCCULENTS & CACTUS
다육식물 & 선인장

깜찍한 모습에 푹 빠진 사람들이 늘어나고 있어요

다육식물은 잎이나 줄기, 뿌리 조직 내부에 물을 저장할 수 있는 식물을 총칭합니다. 선인장도 다육식물의 일종이지요. 하지만 품종이 많아 보통 다육식물과 구분해 다루고 있습니다. 작은 다육식물과 선인장은 화원 뿐 아니라 잡화점, 마트, 균일가 매장 등에서도 살 수 있어요. 모양도 예쁘지만 저렴해서 구하기 쉽다는 점도 인기 요인. 화원에서 다육식물로 팔리는 것을 중심으로 작은 선인장을 더해 소개합니다.

개성이 풍부한 표정의 다육식물과 선인장.
(앞쪽) 백운각 Marginatocereus marginatus Backbg (가운데) 칠보수 Senecio articulatus, (안쪽) 고자 Echeveria affinis, 크라슐라 아보레센스 Crassula arborescens

POINT 1
충분한 일조 시간 확보

선인장과, 돌나물과, 알로에과, 번행초과 등, 대부분 다육식물인 것도 있지만 극히 일부만 다육화된 품종도 있습니다. 그래서 각각 재배법(자세한 내용은 84쪽)도 다르지요. 다만 진화과정을 생각하면 건조지대에 적응하기 위해 다육화된 식물이 대부분이므로 기본적으로 공통으로 해당되는 부분이 있습니다.

첫 번째는 충분한 일조 시간이 필요하다는 것. 강한 직사광선을 싫어하는 종류도 있지만 이 경우에도 일조 시간은 필요합니다.

실내에서 키우는 식물이라도 낮에는 야외의 반그늘이나 창가 등에 놓고 일광욕을 시켜주세요.

POINT 2
분갈이가 간단

다육식물 분갈이는 간단(자세한 내용은 83페이지)합니다. 기본적으로 흙은 일반적인 배양토를 사용합니다. 최근에는 화원 등에서 다육식물과 선인장 전용 배양토도 흔히 구입 가능합니다. 이것을 쓰면 실패확률이 더 줄어들지요. 그리고 꼭 분갈이를 추천합니다.

구입한 미니 다육식물이 지름 몇 센티미터 정도의 화분이라면 어느 정도 지나면 한 단계 큰 화분으로 분갈이하세요. 또 겉흙이 굳어있는 미니선인장은 굳은 흙을 손톱 끝으로 풀어주세요.

분갈이해주면 건강하게 자랍니다. 오래 기를수록 더욱 애착이 생기는 식물이니 개성 넘치는 귀여움을 느껴보세요.

> **참고하세요**
>
> #### 이름은 몰라도 선인장은 선인장
>
> 화원에서도 이름을 짓지 못하고 판매하는 선인장을 자주 볼 수 있습니다. 어릴 때는 품종을 특정하기 어려운 것이 많기 때문. 예를 들어 어릴 때는 둥글어서 같은 품종으로 보였다해도 계속 동그란 상태인 것도 있고 자랄수록 길쭉해지는 것도 있습니다.
>
> 색깔이나 가시 길이 등이 자라는 환경에 따라 변하는 경우도 있습니다. 원래 품종명이 아니라 판매점 등에서 이름을 붙이는 경우도 있기 때문에 이야기가 더욱 복잡해집니다. 하지만 이름을 몰라도 선인장은 선인장. 소중하게 키워보세요.

작은 선인장은 빈 깡통에 심으면 트렌디한 소품이 됩니다. 귀여운 깡통을 찾아보세요

다육식물 & 선인장 카탈로그

다양한 종류를 모으면 즐거워요!

화원 등에서 구하기 쉬운 다육식물과 선인장을 모았습니다. 관리할 것이 적어 비교적 키우기 쉬운 품종입니다.
매일을 함께 하기 좋은 순둥이 식물들을 둘러보세요.

다육식물

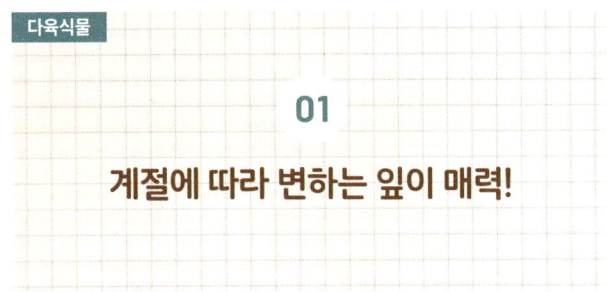

01 계절에 따라 변하는 잎이 매력!

① 워터메리 Crassula atropurpurea var. watermeyeri

봄가을형. 크라슐라속. 볼록하고 둥그런 잎사귀가 귀여워요. 가는 솜털로 덮여 있고 햇볕을 잘 쬐면 번식합니다. 가을이 깊어지면 붉게 단풍이 듭니다. 겨울에는 작고 하얀 꽃이 핍니다. 겨울철에는 잎이 쭈글쭈글해졌을 때 물을 주세요.

② 꽃뗏목 Echeveria 'Hanaikada'

봄가을형. 에케베리아속. 강인하며 내서성이 뛰어난 품종. 햇빛을 충분히 쬐면 아름다운 적자색 잎을 일년내내 즐길 수 있습니다. 물은 보름에 한번 듬뿍.
고온과 직사광선에 약하므로 여름철엔 반그늘. 통풍이 안 되서 과습해지면 뿌리 부패를 일으키기 쉬우니 장마철에는 주의하세요.

③ 홍휘염 Echeveria 'Set-oliver'

*국내유통명은 도리스테일러.
봄가을형. 에케베리아속. 가지가 갈라지면서 위로 자라고 솜털이 난 잎에는 단풍이 듭니다. 여름철 고온다습과 직사광선은 질색. 겨울철에는 직사광선이 들고 통풍이 잘 되는 곳에. 1~2도까지 견디기 때문에 실내라면 추운 곳도 괜찮아요.

④ 유리전 Haworthia limifolia

봄가을형. 하월시아속. 파충류 피부같은 질감의 특이한 잎이 인기. 줄무늬가 있는 진한 녹색잎이 포개지면서 나선형으로 꽃모양(로제트형)이 됩니다. 강건하고 키우기 쉬운 품종. 부드러운 빛이 들어오는 곳을 선호하므로 여름에는 시원한 그늘에서 관리. 직사광선을 쬐면 잎끝부터 시들기 때문에 주의하세요.

⑤ 뉴헨의 진주 Echeveria 'Perle Von Nurnberg'

봄가을형. 에케베리아속. 푸르스름한 녹색에 희미하게 어린 연보라색 아름다운 잎이 매력. 건조기에는 연보라색으로 짙게 물들어 더욱 화려. 일조량이 부족하면 넓적한 잎이 비실비실. 무더운 여름과는 상극이므로 여름에는 주의.

⑥ 데비철화 Graptoveria 'Debbi'

봄가을형. 그랍토베리아속. 매트한 질감으로 잎색깔은 붉은빛을 띤 회색. 단풍이 들면 전체적으로 붉은빛이 강해져요. 햇빛을 잘 쬐면 잎이 두툼해지고 튼튼하게 자랍니다. 햇빛을 쬐지 못하면 잎색깔이 칙칙한 녹색이 되어버리며 줄기와 로제트형이 무너져버립니다.

⑦ 고자 Echeveria affinis

봄가을형 에케베리아속. 수많은 에케베리아속 중에서 블랙 계열 잎색깔의 원종이 고자입니다. 햇볕을 충분히 받으면 짙은 자주색이 됩니다.
잎색깔이 시크해서 모아심기에도 최적인 품종. 여름철 고온다습에 약하므로 통풍이 잘 되는 그늘에서 기릅니다.

⑧ 흑법사 Aeonium arboreum

겨울형. 에오니움속. 광택이 있는 흑자색잎이 매력이지만 일조량이 부족하면 녹색이 강해집니다. 봄, 가을, 겨울에는 햇빛이 많이 비치고 통풍이 잘 되는 곳. 여름에는 시원한 반그늘에서 관리하세요.
즐기 윗부분 잎이 로제트 모양으로 형성되며 꽃처럼 여러줄기형으로 위로 뻗으며 성장.

⑨ 쿠페리 Crassula exilis subsp, Cooperi

봄가을형. 크라슐라속. 회녹색에 검붉은 반점이 들어간 잎이 인상적. 더위와 건조에 강한 품종이지만 여름철 직사광선은 피하세요.
일조량이 부족하면 줄기가 느슨해지면서 부러지기 쉽습니다. 내한 온도는 5도. 겨울철에는 물 주기를 줄입니다.

⑩ 데렌올리버 철화 Echeveria 'Deren-Oliver'

봄가을형. 에케베리아속 단풍철에는 잎 가장자리를 따라 빨강선이 생기는 귀여운 인기품종. 일조량이 부족한데 물을 너무 많이 주면 웃자라기 쉬우므로 일조량과 물 주기의 균형에 유의. 내한성은 2도로 겨울에도 걱정없습니다.

⑪ 자려전 Pachyphytum 'Shireiden'

여름형. 피키피툼속. 햇빛을 자주 쬐면 보라색이 짙어집니다. 봄여름에는 흙이 마르면 물 구멍으로 물이 흘러나올 정도로 듬뿍.
가을과 겨울엔 15일~한달에 한번 겉흙이 젖을 정도로 줍니다. 일조 부족, 물 부족, 비료를 너무 많이주면 보라색에 얼룩이 생겨요.

다육식물

02
동그라미, 하트, 뾰족뾰족 다양한 모양이 재미있어요!

① 칠보수 Senecio articulatus

봄가을형. 세네시오속. 타워형태로 뻗은 줄기와 끝에 돋아난 작은 잎이 특징. 가을부터 봄에 걸쳐 노란 꽃이 핍니다. 직사광선이 쬐고 통풍이 잘 되는 곳을 선호. 추위에 강하기 때문에 가끔 야외에서 일광욕을 시키는 것도 좋습니다.

② 월토이 Kalanchoe tomentosa

여름형. 칼랑코에속. 가늘고 긴 잎에 폭신한 솜털이 자라 토끼 귀처럼 보인다는 것이 이름의 유래. 잎 가장자리의 반점무늬도 특징. 햇빛을 좋아하므로 일년내내 햇볕이 잘 드는 곳에서 관리하되 한여름에는 반그늘로 옮기세요.

③ 신도 Crassula falcata

여름형. 크라슐라속. 여름이 되면 포기 중심부에서 작은 꽃이 잔뜩 핍니다. 내서성이 뛰어난 식물이므로 햇볕이 잘 드는 곳에서 관리하면 성장을 촉진할 수 있어요. 여름에는 직사광선을 쬐지 않도록 레이스 커튼으로 조절하세요.

④ 칼랑코에 락시플로라 Kalanchoe laxiflora

여름형. 칼랑코에속. 겨울에 잎 사이로 줄기를 뻗고 벨모양의 붉은 꽃이 핍니다. 내한성이 낮아 월동하려면 5도 이상이 필요. 여름철 더위에 강하지만 강한 햇빛을 너무 많이 받으면 물을 자주 줘야해서 웃자람의 원인이 되므로 반그늘을 추천.

⑤ 호야케리 Hoya kerrii

호야속. '하트 호야'라는 이름으로 유통. 직사광선을 피해 밝은 곳에서 관리하세요. 흙이 마르면 물을 듬뿍 줍니다. 건조에 강해 잎에 주름이 약간 생길 때까지 괜찮습니다. 겨울철엔 물을 적게.

⑥ 레인와르티 카피르드리프텐시스

Haworthia reinwardtii f.kaffirdriftensis

봄가을형. 하월시아속 남아프리카에 자생하며 잎표면에 가득한 흰 비늘같은 무늬가 특징. 더위와 추위는 물론 햇빛에도 강해서 키우기 쉬운 강건종으로 키가 크게 자랍니다. 밑둥에서 자주(子株)도 많이 나와요.

금벽탑
Euphorbia ferox

여름형. 유포르비아속. 가시가 있어 선인장처럼 보여요. 새로 나오는 가시는 어두운 자적색인데 얼마 지나지 않아 황갈색으로 변합니다.
햇빛은 좋아하지만 여름철 직사광선은 싫어하므로 반그늘에서 키우는 것이 이상적. 3~5월쯤에 꽃이 핍니다.

레모타
Crassula subaphylla
syn.Crassula remota

봄가을형. 크라슐라속. 작은 잎에 솜털을 두른 모습이 벨벳같아요. 해가 잘 드는 창가에서 관리합니다.
비에 약하기 때문에 물을 줄 때는 잎에 닿지 않게 주의. 싹을 따서 땅에 꽂으면 금방 뿌리를 내리고 점점 늘어납니다.

두들레야 그리니
Dudleya greenei

겨울형 두들레야속. 식물 중에서도 가장 하얗다고 알려진 잎색이 특징. 두들레야속 중에서 작은 품종의 하나.
한여름 더위와 한겨울 추위에 주의하세요. 성장하면 꽃눈을 한줄 펴고 그 끝에 노란색의 작은 꽃이 핍니다.

하월시아 옵튜사
Haworthia Obtusa

봄가을형. 하월시아속. 일명 '얼음공주'. 잎 꼭대기에 빛을 흡수하기 위한 투명한 창문이 있어 잎에 햇빛이 닿으면 반짝반짝 빛나는 인기 소품종. 더위와 추위에 모두 약하기 때문에 주의가 필요. 2~6월에는 줄기를 길게 뻗고 하얀 꽃이 핍니다.

미공모
Senecio antandroi

봄가을형. 세네시오속. 가늘고 푸르스름한 잎은 백분이 생기며 두꺼워요. 튼튼해서 잘 자라는 품종.
물을 너무 많이 주면 잎이 열린 상태가 되어 본래의 포기 모습이 무너집니다. 1m 이상으로 성장하는 대형종.

기간테아
Echeveria gigantea

봄가을형. 에케베리아속. 백분이 내려앉은 밝은 초록색 잎 가장자리가 붉게 물듭니다. 내한성이 있어 초보자도 가능.
일조량이 부족하면 가늘고 비슬비슬해지므로 해가 잘 드는 환경에서 관리하세요. 크게 자랍니다. 물은 흙이 다 마른 후 뿌리로 충분히 흡수될 정도로 주세요.

파키포디움 라메리
Pachypodium Lamerei

여름형. 파키포디움속. 줄기에 가시가 있고 파인애플처럼 꼭대기에 잎을 펼칩니다. 내음성이 약해서 햇빛을 많이 필요로 하므로 통풍이 잘되는 밝은 장소에서 관리.
건조한 것을 좋아하기 때문에 물을 너무 주면 뿌리가 썩어버립니다.

아수라
Huernia pillansii

여름형. 후에르니아속. 가시가 매우 부드러워 손가락으로 잡아도 찔리지 않습니다.
1~2cm인 줄기를 길게 뻗으며 성장. 새끼그루(자주)가 나와 군생하는 튼튼한 품종입니다. 직사광선을 피한 밝은 장소가 최적.

선인장

03
가시를 두른 둥근 실루엣이 유머러스해요!

희망환 Mammillaria albilanata

여름형. 마밀라리아속. 돌기와 가시가 있는 선인장. 표면이 부드러운 흰색 털로 덮여 있어 잘 키우면 새하얗게 보입니다.
봄에 고리 모양 적자색 꽃이 핍니다. 일년 내내 햇볕이 잘 드는 곳에 두면 꽃이 잘 핍니다. 물은 적게.

월세계 Epithelantha micromeris

여름형. 에피텔란타속. 섬세한 흰색 가시로 덮혀 있으며 잘 군생합니다. 가시가 아프지 않기 때문에 다루기 쉬워 인기. 고온다습을 싫어하므로 통풍이 잘 되는 곳에서 기르세요. 한여름에는 직사광선을 피해 반그늘로 옮기세요.

자태양 Echinocereus rigidissimus var. rubrispinus

여름형. 에키노세레우스속. 소형 기둥형 선인장. 자라면서 보라색 가시의 농담이 줄무늬로 보이는 아름다운 선인장입니다. 건조와 추위에도 강하며 매우 강건. 크게 자라지는 않지만 자라면 커다란 분홍색 꽃을 피웁니다.

백성 Mammillaria plumosa

여름형. 마밀라리아속. '깃털선인장'이라고 부르기도 합니다. 깃털처럼 푹신푹신한 흰털로 뒤덮인 모습으로 인기. 여름과 겨울의 물 주기만 조심하면 건조와 추위에 모두 강하기 때문에 초보자도 잘 기를 수 있어요.

【 BASIC PLANTING METHOD 】

기본 분갈이법 | 다육식물

흙 상태를 확인하여 마른 상태일 때 옮겨 심습니다. 흙이 습하면 물을 주지 말고 흙이 마른 후 분갈이하세요.

재료

다육식물(고자 Echeveria affinis) 다육식물·선인장 분갈이흙, 화분 깔망, 화분 밑돌, 멀칭용 모래나 조약돌, 모종보다 한 단계 큰 화분

※ 작은 용기에 적합한 크기의 모종삽, 핀셋 나무젓가락, 작업할 때 깔 신문지 등

\ START /

1 화분 물빠짐 구멍이 가려지는 크기로 깔망을 잘라 구멍 위에 놓는다.

▼

2 화분 물빠짐구멍이 보이지 않을 정도까지 밑돌을 넣는다.

3 분갈이흙을 조금 넣는다. 화분의 1/3정도 높이가 기준.

▼

4 핀셋이나 나무젓가락을 이용해 모종을 모종포트에서 꺼내 뿌리에 붙어있는 흙을 가볍게 떨어뜨리고 화분으로 옮긴다.

▼

5 밑동이 화분 테두리에서 1cm 정도 아래가 되도록 조정하고 밑동과 수평이 될 때까지 모종 사이로 분갈이 흙을 넣는다.

6 마지막으로 흙 표면이 보이지 않도록 모래나 조약돌로 멀칭한다.

분갈이 후, 약 일주일 정도는 물 주기를 삼가고 그 후에 화분 바닥으로 물이 흘러나올 정도로 듬뿍 준다.

/ FINISH \

다육식물 & 선인장 관리 포인트

다육식물의 유형에 맞게
일조량과 물 주기로 관리

유형을 알면 키우기 쉬워진다

　다육식물의 원산지는 전 세계에 분포하고 있는데 반드시 건조지대라고는 할 수 없습니다. 우기가 있거나 늘 안개가 끼어있는 지역도 있습니다. 크게 '여름형', '겨울형', '봄가을형' 세 가지 유형이 있습니다.

　'여름형'은 여름에 성장하는 타입, '겨울형'은 겨울에 성장하는 타입, '봄가을형'은 기후가 온화한 봄이나 가을에 성장하는 타입입니다. 유형에 맞게 키우는 법을 소개합니다.

여름형

봄부터 가을에 걸쳐 성장하고 겨울에 휴면하는 일반적인 식물과 같은 유형. 화원 등에서 판매하는 다육식물의 대부분이 여름형입니다.
봄에는 햇빛을 자주 쬐고 물은 적당량. 여름철에는 직사광선을 쬐지 않도록 차광하고 물 적당량. 가을에는 봄과 마찬가지로 충분한 일조와 물. 겨울에는 실내 창가에 두고 물은 적게 줍니다.

겨울형

가을부터 겨울에 걸쳐 성장하고 여름에 휴면합니다. 원산지가 약간 차갑고 서늘한 지역이라 한국의 여름은 최악. 키우는데 세심한 주의가 필요합니다.
봄에는 햇빛을 자주 쬐지만 물은 약간 적게. 여름에는 차광하고 물을 주지 않습니다. 가을에는 봄과 마찬가지로 햇빛을 자주 쬐고 물은 적게 주세요. 겨울에는 밝은 창가에 두고 물을 충분히 줍니다.

봄가을형

여름과 겨울에 휴면하고 기후가 온화한 봄과 가을에 성장하는 타입. 여름형과 마찬가지로 취급되기도 합니다만 더운 한국의 여름에는 휴면시키는 편이 좋습니다.
봄은 성장기로 햇빛을 자주 쬐고 물을 적당히 줍니다. 여름에는 차광하고 물을 극소량만. 가을도 성장기이기 때문에 봄과 마찬가지로 관리합니다. 겨울은 휴면기에 접어들기 때문에 창가에 두고 극소량의 물만 주세요.

물 주기

잎 모양이 숟가락처럼 생긴 품종은 잎 위에 고인 물에서 균이 발생하거나 햇빛을 받을 때 물방울이 렌즈가 되어 잎 화상의 원인이 되기도 합니다. 그러므로 특히 여름에는 끝이 가는 물뿌리개 등을 이용해서 잎에 직접 물이 닿지 않도록 밑동쪽 흙에 물을 주도록 합니다.

또한 안전한 방법으로 '저면관수'를 추천합니다. 세면기 등에 물을 받아놓고 거기에 화분을 담가줍니다. 이렇게 하면 흙 표면이나 다육식물을 직접 적시지 않고 화분 바닥으로 물을 흡수하게 할 수 있습니다.

화분의 크기에 따라 다르지만 작은 것은 20분 정도면 충분. 여름철은 선선해진 저녁에 물을 주세요. 여름에 물을 주지 않는 유형은 잎에 생기가 없어 걱정되겠지만 꾹 참고 물을 주지 마세요. 가을에 물을 주면 놀라울 정도로 생생한 모습으로 되돌아가니까요.

비료

건조하고 거친 토지에서 자생하는 것이 많기 때문에 비료는 주지 않아도 잘 자랍니다. 너무 많이 주면 웃자라서 자람세가 이상해지므로 옮겨심을 때 완효성 고체 비료 정도면 충분.

관리

일조량이 부족하면 웃자라거나 잎 색깔이 나빠지기도 합니다. 가끔 야외에 두고 햇볕을 충분히 쬐어주세요. 화분 안에 뿌리로 꽉 차면 한 단계 큰 화분으로 분갈이.

몇 년 동안 분갈이를 하지 않으면 흙이 오래되어 영양분이 없어지기 때문에 1년에 한번 정도 분갈이하세요.

저면관수란 몇 센치 정도의 물을 채운 용기에 화분을 20분 정도 담가서 화분 바닥 구멍을 통해 흙이 물을 빨아들이게 하는 것.

HOW TO INCREASE SUCCULENTS
다육식물 번식시키는 법

다육식물은 쉽게 늘릴 수 있습니다. 작은 모종을 많이 만들면 모아심기 등 변화를 즐길 수 있어요.

삽목으로 번식

늘어진 줄기의 가지 끝을 1cm정도 남기고 잘라낸 뒤, 자른 단면을 말리고 물을 전혀주지 않은 상태로 방치해둡니다. 눕혀두어도 뿌리가 나오지만 세워놓으면 줄기가 구부러지지 않기 때문에 예쁘게 심을 수 있어요.
1~2주 동안 통풍이 잘되는 반음지(반그늘)~음지(그늘)에 두었다가 자른 단면 부근에서 뿌리가 나오면 심으세요. 심은 후, 1주일간은 물을 주지 마세요.

잎꽂이로 번식

뚝뚝 떨어진 잎으로 번식시킬 수 있습니다. 얕은 용기에 마른 흙을 넣고 그 위에 잎을 놓아두기만 하면 됩니다. 물은 주지 마세요.
뿌리와 싹이 나오면 햇볕이 드는 곳에 놓고 뿌리에만 흙을 덮어주고 소량의 물을 줍니다. 싹이 커지면 화분에 심으세요. 원래 잎은 말라서 시들면 제거하면 됩니다.

잘라낸 줄기에서도 새싹이 나온다.

'잎꽂이'라고 하지만 흙 위에 놓기만 하고 꽂지는 않는다.

유리화병 등에 꽂아두면 사랑스러운 인테리어 소품이 된다.

시중에 판매되는 자른 싹을 이용하면 품종을 많이 늘릴 수 있다.

ARRANGE

다육식물 & 선인장
+ 잡화 멋지게 배열하는 법

간단! 세련!

성장하는 모습을 느긋하게 즐기며 사랑스러운 모습을 살려
다양한 방법으로 배열해보는 건 어떨까요?
다육식물과 엄선한 잡화를 조합하면
더욱 세련된 공간으로 연출할 수 있답니다.

+ 심플한 접시

접시에 올려놓으면 완성.
다양한 종류를 모아놓으면
보는 재미가 있어요

지름 약 3cm의 작은 포트에 들어있는 다육식물을 모아 비비드한 색상의 심플한 접시에 올려놓기만 하면끝. 각각의 잎모양이 돋보여서 더욱 사랑스러워요. 잠시 즐긴 후 한 단계 큰 화분에 옮겨심으세요.

식물
에케베리아, 세덤 등

플레이트 크기
지름 약 15cm

+ 에그 스탠드

**계란과 미니포트의
사이즈가 딱 맞아요!**

원래 계란을 올리는 스탠드에 개성적인 다육식물을 하나씩 넣었어요. 마치 오브제처럼 다양한 각도에서 즐길 수 있답니다. 이 상태로 물도 줄 수 있어서 화분을 쓰러뜨려 흙이 쏟아질 염려도 없습니다.

식물
입전 Pachyveria 'Cheyenne', 에케베리아 블루 애플 Echeveria 'Blue Apple, 용월 Graptopetalum paraguayense, 춘맹 Sedum 'Alice Evans', 황려 Sedum adolphii, 연심 Sedum 'Koigokoro'

에그스탠드 크기
지름 약 20cm, 높이 약 40cm

좌우에 심어 놓은 것은 선인장 모양 양초랍니다. 집에서 즐기는 베란다 캠핑 때 불을 켜 보는 건 어떨까요?

+ 가로로 긴 트레이

실버 플레이트 & 흰돌이 주는 효과로 리조트 느낌

개성적인 선인장을 심고 시원한 느낌을 주기 위해 흰자갈을 흩뿌렸습니다. 가로로 길게 심은 독특한 선인장들을 그림을 감상하듯 즐겨보세요. 옮겨심을 때는 뿌리가 가늘고 섬세하므로 자르지 않도록 주의.

식물

눈꽃선인장 Mammillaria vetula ssp. gracilis, 금호선인장 Echinocactus grusonii, 아미산 Euphorbia 'Gabizan, 영관옥 Eriocactus magnificus

트레이 크기

16cm×15cm, 높이 35.5cm(가장 높은 부분)

+ 양철 컨테이너

스타일리시함 자체! 양철과 다육식물은 정말 잘 어울려요

손잡이 달린 양철 컨테이너에 형태가 다른 다육식물을 모아 하나의 소품으로 만들었어요. 양철처럼 원예용이 아닌 용기는 바닥에 구멍이 없기 때문에 물이 고여있지 않도록 주의합니다.

식물

월토이 Kalanchoe tomentosa 'Giant', 중형녹탑Crassula ericoides, 은파금cotyledon undulata 등

컨테이너 크기

25cm×15cm, 높이 7cm(손잡이 불포함)

+ 행잉 컨테이너

공중에서 흔들리는 초록의 상쾌함이 인테리어 포인트

끈처럼 생겨서 밀림의 선인장이라고도 불리는 립살리스, 체인이 달린 걸어놓을 수 있는 컨테이너에 담아 아래로 늘어지는 모습을 즐겨보세요. 컨테이너를 틀에서 분리할 수 있기 때문에 걸지 않고 그대로 놓아도 멋스러워요.

식물
립살리스

컨테이너 크기
16cm×15cm, 높이 35.5cm(가장 높은 부분)

흙이 없어도 햇빛과 물로 자라는 신기한 식물

TILLANDSIA
틸란드시아

화분에는 없는 경쾌한 매력!

'에어플랜츠'는 바로 '틸란드시아'를 말합니다. 틸란드시아는 파인애플과 틸란드시아속 식물의 총칭.
틸란드시아에는 여러 종류가 있으며 자생지도 사막, 열대우림, 고산지대로 다양합니다.
각각의 특징을 이해하면서 키우려면 너무 큰 숙제가 됩니다.
어렵게 생각하지 말고 틸란드시아 전반에 걸쳐 '최대한 오래 키울 수 있는 법'을 소개합니다.

POINT 1
물과 햇빛 필요

틸란드시아가 흔히 에어플랜츠라고 불리는 것은 수목이나 암석에 붙어 자라서 마치 흙이나 물 등을 필요로 하지 않고 사는 것처럼 보이기 때문. 게다가 성장이 느리고 시들기까지도 시간이 걸리기 때문에 그 변화를 깨닫지 못하기도 합니다.

이것이 '아무렇게나 내버려 둬도 자란다'는 이미지로 굳어져 있는 것 같습니다. 하지만 실제로는 물과 햇빛이 없이는 살 수 없습니다. 틸란드시아 대부분이 자생하고 있는 환경은 높은 습도와 바람이 불며 양분을 포함한 비와 안개가 끊임없이 쏟아져 내리고 있습니다.

그렇기 때문에 땅에 뿌리를 내리지 않고도 수분과 양분을 흡수하며 살아갈 수 있는 것이지요. 실내 환경에서는 물과 양분을 주지 않는 한 식물은 살아갈 수 없습니다. 테이블 등에 그냥 놓아두면 조만간 시들어 버릴 것입니다.

그러나 틸란드시아 관리는 어렵거나 힘들지 않습니다. 고향을 멀리 떠나 나에게 온 틸란드시아의 목소리를 잘 듣고 오래 곁에 두는 것을 목표로 돌봐주세요.

POINT 2
변형은 자유자재

대부분의 틸란드시아는 착생식물. 착생식물이란 뿌리에서 수분이나 양분을 흡수하지 않고도 잎에서 흡수하는 수분과 거기에 포함된 양분만으로 살아갈 수 있는 식물을 말합니다. 뿌리는 단지 수목이나 암석에 매달려있기 위한 것입니다.

틸란드시아를 키우기 위해서는 흙이 기본적으로 필요하지 않다는 것이지요. 화분에 심은 것처럼 키울 때도 화분에 돌이든 무엇을 넣든 상관 없습니다. 접시에 그냥 올려놓아도 끈으로 묶어서 매달아서도 키울 수 있어요.

틸란드시아는 개성 넘치는 식물입니다. 마음에 드는 틸란드시아를 자유로운 발상으로 변형하며 인테리어를 즐겨보세요.

흙에 심지 않아도 되므로 모래나 돌, 산호 등에 심은 것처럼 둘 수도 있어요. 인테리어로도 다양한 변형을 즐길 수 있답니다.
(왼쪽부터 준세폴리아Tillandsia juncifolia, 틸란드시아 옥사카나 Tillandsia oaxacana, 플루모사 Tillandsia plumosa)

어떻게 꾸미느냐에 따라 따라 분위기가 달라진다

틸란드시아 카탈로그

닮은 것도 많지만 각자의 개성이 넘치는 틸란드시아
그 예술적인 모양새와 잎색깔을 즐겨보세요.

① 카피타타 Tillandsia capitata

꽃 색상에 따라 옐로우, 마론, 피치, 루브라, 레드, 오렌지 등 재배품종이 많습니다. 일조량이 부족하면 웃자라는 경우가 많으므로 가급적 햇볕이 잘 드는 곳에서 기르세요. 직사광선은 피할 것. 추위에 약하므로 겨울에는 8도 이상에서 관리합니다.

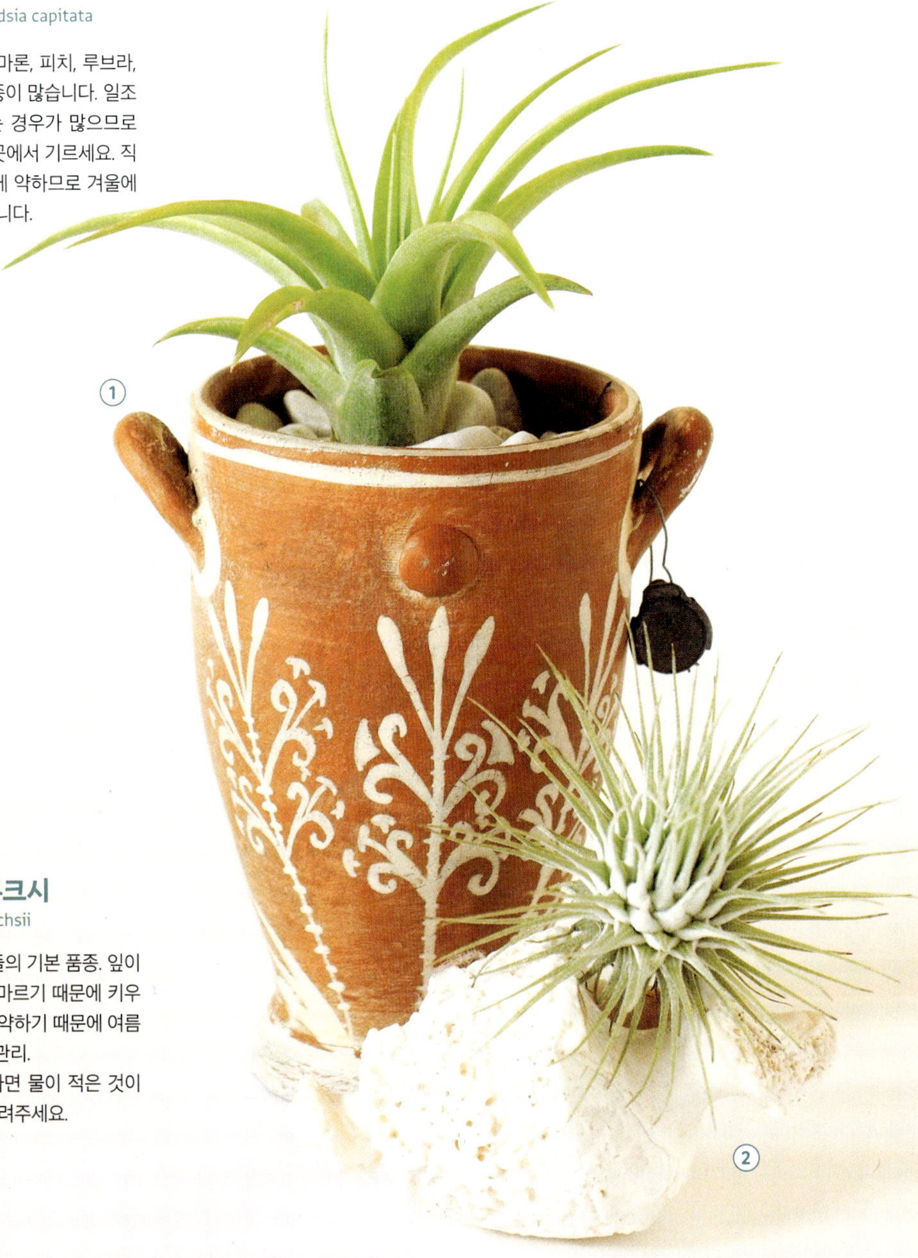

② 푸크시 ver 푸크시
Tillandsia fuchsii var. fichsii

여러 개의 푸크시 친척들의 기본 품종. 잎이 가늘어 물을 줘도 금방 마르기 때문에 키우기 쉬워요. 더위에 다소 약하기 때문에 여름에는 서늘한 곳에 두고 관리.
잎끝이 시들기 시작했다면 물이 적은 것이 원인. 물 주는 횟수를 늘려주세요.

① **틸란드시아 콜비** Tillandsia kolbii

소형이면서 균형 잡힌 그루의 모습으로 인기. 고온과 저온, 건조에도 비교적 강해 초보자도 키우기 쉬워요.
무더위를 싫어하기 때문에 여름에는 통풍이 잘 되는 곳으로 옮깁니다. 연한 핑크와 시크한 보라색 꽃이 핍니다.

② **틸란드시아 하리쉬** Tillandsia harrisii

재배가 쉬운 입문종 백은색 잎이 매우 아름답고 붉은 화포에 자주색 통모양 꽃이 피는 관상 가치가 높은 품종. 일주일에 2~3회 분무기로 잎에 물을 뿌려주세요. 잎이 부러지기 쉬우므로 다룰 때 주의.

③ **옥사카나** Tillandsia oaxacana

부드러워 감촉이 좋은 은백색 잎이 특징. 건조해지기 쉽고 습도를 무척 선호하기 때문에 물을 듬뿍 주세요. 추위에는 비교적 강하지만 고온에 약하기 때문에 여름에는 통풍이 잘 되는 곳으로 옮깁니다.
개화시에는 분홍색 봉오리에서 보라색 원통형 꽃이 핍니다.

① **부파네 디스티차** Boophane disticha

변종이 많은 품종. 비비 꼬인 모양의 노랑꽃이 독특해요. 향은 없지만 일제히 피면 정말 귀엽습니다. 약간 건조하게 관리. 뿌리가 나온 후, 활착시켜 키우는 것이 요령.

② **틸란드시아 브락치카울로스** Tillandsia brachycaulos

잎이 얇고 개화할 때 붉게 물드는 것이 특징. 물을 매우 좋아해서 습도를 유지해주면 잘 자라기 때문에 화분 흙 위에 놓고 기르는 것이 좋아요. 성장이 빠르고 개화기에는 단풍이 들면서 중심부에서 보라색 통꽃을 피웁니다.

③ **틸란드시아 준세폴리아** Tillandsia Juncifolia

공기 중 수분을 효율적으로 흡수해서 건조에는 강하지만 수분이 너무 많은 경우엔 썩기 쉽다는 단점도 있습니다. 물을 준 후에는 잘 흔들어 잎겨드랑이에 물이 남아있지 않도록 하세요. 직사광선을 피해 통풍이 잘 되는 밝은 장소에서 관리.

④ **플라지오 트로피카** Tillandsia plagiotropica

물 주기나 일조 조건 등 특별하게 신경쓸 것은 없지만 더위에는 다소 약하므로 여름철에는 시원한 그늘에서 관리하는 것이 안심. 성장은 느리고 개화기가 되면 금색으로 물들며 흰꽃을 피웁니다.

⑤ **수염 틸란드시아** Tillandsia usneoides

변종이 많고 잎이 매우 굵은 것부터 머리카락처럼 가는 것까지 다양합니다. 직사광선이 비치지 않는 밝은 창가에 매달아 너무 건조해지지 않도록 넉넉하게 물을 주면서 기릅니다. 달콤한 향기가 나는 작은 녹색꽃을 피웁니다.

카피타타
→ p94

푸크시
→ p94

① **틸란드시아 붇지** Tillandsia butzii

쉽게 구할 수 있는 품종 중 하나. 높은 습도를 좋아하므로 물을 많이 주세요. 보라색 꽃이 피며 개화 후에는 새끼그루(자주)를 많이 내는 특성도 있습니다. 레이스 커튼 너머 정도의 햇빛이 드는 곳에서 기르는 것이 이상적.

② **틸란드시아 이오난사** Tillandsia ionantha

틸란드시아의 대표종. 변종이 많이 있으며 이오난사로 유통되는 것은 이오난사 멕시코나 이오난사 과테말라 중 하나입니다. 밝고 통풍이 잘 되는 곳에서 기릅니다. 성장이 빠르고 강건해서 틸란드시아 입문에 최적.

③ **틸란드시아 스트릭타** Tillandsia stricta

성장이 빠르고 꽃도 잘 피며 재배가 간단 초보자용으로 추천. 분무기로 촉촉해질 때까지 물을 뿌립니다. 밑동 쪽에 물이 고이기 쉬워 그대로 두면 상할 수 있으므로 물을 준 다음, 거꾸로 뒤집어 여분의 물을 제거할 것.

④ **틸란드시아 볼보사** Tillandsia bulbosa

그늘진 관목림이나 나무 위 등, 습지에서 자생하며 습도를 선호하는 유형. 너무 건조한 것은 금물이므로 화분에 담은 흙 위에서 재배하는 것이 좋습니다. 잎 모양이 꾸불꾸불하며 개화시 통모양의 보라색 꽃이 핍니다.

⑤ **틸란드시아 에스피노세** Tillandsia espinosae

분류상으로는 틸란드시아속이 아니라 브리세아(Vriesea)속. 한여름의 직사광선이나 고온을 피합니다. 통풍이 잘 되는 밝은 곳 추천. 건조에 강해 물은 3일에 한 번 정도 분무기로 뿌려주면 됩니다. 빨간 꽃을 피웁니다.

⑥ **틸란드시아 플루모사** Tillandsia plumosa

습도를 좋아하므로 습도가 높은 곳에 두거나 통풍이 잘 되는 곳에서 물을 많이 주세요. 더위는 별로 좋아하지 않으니 선선한 장소로 옮겨주세요. 분홍색의 작은 화포에서 녹색꽃이 핍니다.

⑦ **틸란드시아 슈도바일레이** Tillandsia pseudobaileyi

슈도바일레이는 가짜 바일레이라는 뜻. 바일레이를 닮았다고 해서 이런 이름이 붙여졌어요. 잎이 매우 단단하고 잎에 그려진 세로줄이 아름다운 품종. 성장은 매우 느립니다.

⑧ **틸란드시아 트리콜라** Tillandsia tricolor

화분에 경석(부석, 속돌)을 넣고 밑동 부근에 물을 모아 밝은 곳에서 키우는 것이 좋아요. 튼튼하고 키우기 쉬워 입문종으로 추천. 빨간색과 노란색 꽃차례와 보라색 꽃이라는 세가지 색에서 이름 유래.

⑨ **틸란드시아 말레몬티** Tillandsia mallemontii

환경이 좋으면 점점 번식하며 향기로운 보라색 꽃이 차례차례 핍니다. 물은 넉넉하게. 기준은 식물이 마른 것을 확인한 후에 물을 뿌립니다. 건조가 심한 시기에는 일주일에 한번 정도 물을 담은 통에 담가주는 소킹(99쪽)을 해주세요.

MEMO

오래 함께 하려면 물은 이렇게 주세요

그림책이나 애니메이션에 나오는 작은 생물들은 비가 오면 튼튼한 나뭇잎을 우산으로 삼아 비를 피합니다. 연약한 작은 생물에게 물방울은 크고 무겁고 위험한 것이니까요.

작은 식물의 가련한 잎사귀에게도 마찬가지입니다. 큰 물뿌리개로 힘차게 물을 주면 수압 때문에 가는 줄기가 부러지거나 잎에 흙이 튀어 상하거나 흙이 파헤쳐지는 등 피해를 입힐 수 있습니다.

작은 식물에게 물을 줄 때는 식물의 밑동 쪽에 부드럽게 물을 줄 수 있는 끝이 가는 물뿌리개로 주세요. 따르는 구멍이 좁은 찻주전자를 써도 됩니다. 엽수(잎에 물을 뿌려주는 것)가 필요한 식물에게 수분을 주기 위해서는 꼭 필요한 아이템.

틸란드시아 관리 포인트

부드러운 빛, 충분한 물, 적당한 통풍과 기온
3가지 조건이 필요합니다

재배 포인트를 파악하고 마음에 드는 것을 찾아보세요

흙이 필요없는 틸란드시아지만 건강하게 키우기 위한 보살핌은 필요합니다. 하지만 크게 귀찮을 일은 없어요. '부드러운 빛', '충분한 물', '적당한 통풍과 기온'. 이것만 조심하면 시드는 일 없이 오랫동안 즐길 수 있습니다. 모양과 분위기가 다르며 그 품종은 수백 개나 되는 틸란드시아. 마음에 드는 것을 찾아보세요.

관리

밑동까지 시든 잎은 살짝 잡아당겨 제거해주세요. 잎끝만 바스락거리면서 변색되었다면 끝부분만 가위로 잘라줍니다.

통풍

틸란드시아에게 가장 중요한 것이 통풍. 그렇지만 강풍에서는 너무 건조해집니다. 물을 주고 12시간 정도면 표면이 마를 정도의 공기 흐름이 있는 것이 이상적.
실내에서 키울 경우, 여름에는 물을 준 뒤 창문을 열어 틸란드시아에게 바람이 닿도록 해주세요. 항상 표면이 젖어 있으면 썩어버릴 수도 있습니다. 창문을 열 수 없다면 선풍기나 서큘레이터로 약한 바람을 쐬어주는 것도 좋습니다.

MEMO

건강하게 키우면 꽃이 피는 품종도 있답니다

햇빛을 충분히 받고 자라 포기가 크고 충실해지면 꽃눈을 틔우는 틸란드시아가 많습니다. 아름다운 새를 연상시키는 강렬한 색채의 꽃이 많으니 꽃을 기대하며 건강하게 키워보세요. 개화 전후에 액비를 줍니다.

소킹

세면기 등에 물을 받아 틸란드시아를 담가두는 것을 '소킹'이라고 합니다. 틸란드시아가 너무 건조해져서 약해졌을 때 시도해보세요. 일상적인 물 주기로 충분하다면 하지 않아도 괜찮습니다. 소킹 시간은 6시간 정도가 기준. 12시간 이상 담가두면 안됩니다. 가능한 실온이 높을 때 하면 좋아요.

빛과 온도

틸란드시아의 대부분은 숲 속에서 수목이나 암석에 착생하여 자생합니다. 나뭇잎 사이로 비치는 듯한 부드러운 햇빛을 좋아하지요. 직사광선을 받고 자라는 품종도 있지만 그런 곳은 시원한 바람이 부는 곳이므로 실내에서 키울 경우, 장시간 직사광선을 쬐지 않는 것이 중요.

특히 여름은 기온이 높고 무풍상태가 되므로 차광이 필요합니다. 겨울엔 직사광선이 닿아도 상관없지만 가능하면 창문에서 1m 떨어진 밝은 장소가 좋습니다.

10~30도 범위에서 관리하세요. 30도가 넘으면 약해지므로로 선선한 곳으로 옮깁니다. 10도 이하에서 견딜 수 있지만 성장은 멈추므로 물은 일주일에 한번 정도만 주세요.

하루 중 온도 변화는 오히려 성장을 촉진한다고 합니다. 낮에는 따뜻하고 밤에는 기온이 내려가는 환경에 두면 틸란드시아는 좋아합니다.

비료

기본적으로 비료를 줄 필요는 없어요. 빨리 크게 키우고 싶다면 봄과 가을에 아주 연하게 희석한 액체비료를 분무기로 살포합니다.

물 주기

'에어플랜츠'라는 명칭 때문에 틸란드시아에게 물을 줄 필요가 없다고 생각하기 쉽지만 사실 건조에 강할 뿐이지 원래는 물을 좋아하는 식물. 매일 물을 줘도 되는 품종도 있지만 대부분은 주 2~3회가 적당합니다. 식물 전체가 젖어서 물이 뚝뚝 떨어질 정도로 물을 듬뿍 뿌려주세요.

실내에서는 주위가 다 젖어버릴 수 있으므로 야외나 욕실 등에서 물을 주거나 젖어도 괜찮은 장소에서 분무하세요. 물을 주고 나서 12시간 넘게 표면이 마르지 않으면 틸란드시아가 숨을 쉬지 못해 약해져버리니 주의.

또한 겨울에는 물이 차가우면 틸란드시아가 손상을 입을 수 있어요. 기온이 내려가는 저녁 이후에는 물을 주지 말고 오전 중에 물을 준 다음, 낮 동안 마를 수 있게 하세요. 항상 10도를 밑도는 환경이라면 물을 주 1회 정도만 줍니다.

DISPLAY IDEA

틸란드시아 디스플레이 아이디어

따라하고 싶은

착생식물의 성질 때문에 어딘가에 고정하면 잘 자랍니다.
추천하고 싶은 방법은 유목이나 경석입니다.
잡화 감각으로 오브제처럼 즐길 수 있어요

물은 2~3일에 한번 분무기로 충분히 잎에 뿌려준다.
소킹할 때도 고정된 상태로 물에 담가두어도 괜찮다.

DISPLAY IDEA 1
유목에 고정시킨다

준비물

틸란드시아 에스피노사, 유목, 철사 (부드럽고 눈에 띄지 않는 꽃꽂이용을 추천), 이쑤시개 등 가는 막대, 드라이버

※드라이버는 부드러운 유목에 구멍을 내기 위한 것입니다. 단단한 판 등에 사용하려면 드릴이나 송곳을 준비하세요.

2

틸란드시아 잎에 철사를 건 다음, 잎이 부러지거나 끊어지지 않도록 조심하면서 밑동을 한바퀴 돌아 철사를 꼬아 묶는다.

1

드라이버 끝을 빙글빙글 회전시켜 유목에 적당한 크기의 구멍을 뚫어놓는다.

3

유목에 뚫어 둔 구멍에 틸란드시아에 설치한 철사를 앞면으로 통과시켜 뒷면에서 가는 막대 등을 이용해 고정시키면 완성.

DISPLAY IDEA 2
경석에 고정시킨다

유목에 한 것처럼 경석에 구멍을 뚫어 틸란드시아를 고정. 안정적이라 어디에나 둘 수 있어요. 화분에 담기만 해도 귀엽답니다. 매장에 진열된 것들은 약간 말라있는 것 같지만 햇빛과 수분을 충분히 보충해주면 기운을 되찾아요.

식물
틸란드시아 붇지 Tillandsia butzii, 하리쉬 Tillandsia harrisii

DISPLAY IDEA 3
국자를 이용한다

국자가 있다면 틸란드시아를 그냥 올려놓기만 하면 됩니다. 손잡이 끝이 구부러진 것은 걸어서 디스플레이를 할 때 편리. 구부러져 있지 않더라도 구멍이 뚫려 있다면 고리를 이용해서 매달 수 있어요.

식물
틸란드시아 코튼캔디 Tillandsia 'Cotton Candy'

DISPLAY IDEA 4
선반에 올려놓는다

용기에 담아 선반이나 책장 위에 디스플레이. 좋아하는 잡화도 함께 올려두면 더 센스있는 공간이 됩니다. 해가 들지 않으면 가끔은 햇볕이 잘 드는 곳에서 일광욕을 시키세요.

식물
틸란드시아 세로그라피카 Tillandsia xerographica

DISPLAY IDEA 5
용기에 담아 걸어둔다

공중에서 키우는 것도 멋진 아이디어. 행잉용 유리케이스에 담아 매달면 예쁜 사진을 찍을 수 있는 인테리어 완성. 유리케이스는 균일가숍이나 온라인샵에서 구할 수 있어요.

식물
(오른쪽) 수염 틸란드시아 (유리용기 위) 불보사, (유리용기 아래) 플라지오트로피카

CHAPTER 3

중형 & 대형 관엽식물

공간에 다채로움과 편안함을 연출

가족처럼 오래 함께 하는 집 안에서 키우는 우리집 심볼트리

'심볼트리'라고 하면 정원에 심은 상징적인 큰 나무를 떠올리기 쉽습니다. 하지만 집안에서 자라는 '존재감있는 나무'도 훌륭한 심볼트리. 가족을 지켜보는 편안한 존재가 되어줍니다. 조금 더 큰 중형 관엽식물과 혼자서도 옮길 수 있고 키우기도 쉬운 대형 관엽식물을 소개합니다.

당장 갖고 싶은 '우리 집을 빛내줄 식물들'

중형 & 대형 관엽식물 카탈로그

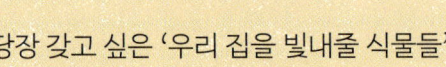

중형이나 대형 관엽식물은 '키운다'라는 목적 외에 공간을 더욱 세련되고 더 쾌적하게 만들어주는 '인테리어'로서의 목적도 있습니다. 그래서 잎이나 가지 모양, 수형의 아름다움이 중요합니다.

01
개성적이고 아름다운 잎이 매력

필로덴드론 버킨 Philodendron 'Birkin'

높이 : 약 40cm

천남성과인 필로덴드론의 원예 품종. 최근 유통되기 시작한 품종으로 흰 무늬가 들어간 잎이 아름답고 모양새가 고급스러워 인기가 있습니다.
해가 잘 들지 않는 곳에서 키우면 잎색이 나빠지거나 허약해지기 때문에 부드러운 빛이 비치는 곳에서 키우세요. 에어컨 바람이 직접 닿으면 포기 손상의 원인이 되므로 피할 것. 잎이 오래될수록 점점 짙은 녹색으로 점점 변하는 모습이 재미있는 식물입니다.

아름다운 잎 색깔과 잎무늬의 대비를 만끽.

잎 뒷면에는 포자가 붙어있고 색감이 매트한 느낌. 보통 녹색이며 수명이 다 되면 잎이 갈색으로 변하면서 밑동 부분에서 떨어진다.

플라티세리움 네덜란드 Plathycerium netherlands

높이 : 약 50cm

박쥐란이라는 애칭으로 친숙한 고란초과 식물입니다. 매우 튼튼하고 키우기 쉬운 품종. 밑동 부분에 달라붙듯이 나온 '저수엽'에 물을 모아두기 때문에 과도한 물 주기는 금물. 흙이 마르고 나서 듬뿍 줍니다.
고온 다습을 좋아하므로 분무기로 잎과 심은 부분 양쪽에 물을 뿌려 엽수를 해주세요. 저수엽은 수분과 양분을 저장하는 스펀지 역할을 하므로 시들어도 제거하지 말 것.

몬스테라 델리시오사 Monstera deliciosa

높이 : 약 65cm

천남성과의 관엽식물. 찢어진 큰 잎이 특징. 몬스테라속 중 가장 커지는 품종으로 유통되는 크기는 40cm~2m. 너무 크게 키우고 싶지 않다면 기근(공중에 줄기나 줄기에서 뻗은 뿌리를 말한다)이 나오면 잘라주세요. 겨울에는 유리창 너머로 햇빛이 잘 드는 곳. 여름에는 레이스 커튼 너머로 햇빛이 비치는 곳에 둡니다.
급격한 온도 변화에 약하기 때문에 냉방이나 난방 바람이 직접 닿지 않는 장소를 선택할 것.

성장하면서 생기는 잎의 찢어짐과 구멍이 굉장한 매력.

스파티필름 메리 spathiphyllum merry

높이 : 약 85cm

천남성과인 스파티필름의 원예품종. 습도가 높은 환경을 좋아하므로 화분 흙에 물을 주는 것과 별도로 잎에 분무하는 엽수도 해주세요. 5월~10월에는 순백의 불염포가 아름답습니다.
꽃이 피면 실온은 15~20도를 유지해줍니다. 겨울에도 이 온도를 유지할 수 있다면 일 년 내내 꽃을 즐길 수 있습니다. 최저 내한 온도는 8도 정도이므로 겨울철 난방에도 신경써야합니다.

※스파티필름은 혹시 고양이가 잘못 먹으면 건강에 악영향을 미치게 됩니다. 반려동물 키우는 분들은 주의하세요.

꽃처럼 보이는 흰 부분이 불염포이고 길쭉한 봉이 꽃이다. 꽃을 잘라주면 불염포를 오랜 시간 감상할 수 있다.

잎에 먼지가 쌓이기 쉬우므로 분무기로 잎에 물을 뿌려준 후, 티슈 등으로 닦아 깨끗하게 유지한다.

02
변화무쌍한 잎 색깔이 절묘해요

칼라데아 퓨전화이트 Calathea White Fusio

높이 : 약 50cm

마란타과인 칼라데아는 열대 아메리카에 약 300종이 자생하는 것으로 알려져 있습니다. 퓨전화이트는 잎에 흰색 얼룩 부분이 많고 잎 뒷면은 보라색인 화려한 품종. 밝은 반그늘에서 관리하면 아름다운 잎사귀를 유지할 수 있어요. 봄~여름에는 겉흙이 마르면 충분히 물을 주고 겨울에는 건조한 느낌으로 관리. 격세유전으로 갑자기 얼룩이 사라질수도 있으나 병이 아니라 생리현상입니다.

싱고니움 프렌치마블 Syngonium Albo Variegated 'French Marble'

높이 : 약 40cm

천남성과로 마블 무늬 잎이 아름답고 튼튼합니다. 실내에서도 오래 즐길 수 있어요. 한여름 강한 햇볕을 쬐면 잎이 그을릴 수 있으므로 밝은 그늘에서 관리하세요. 물은 겉흙이 마르고 다시 3~4일이 지난 후에 화분 바닥으로 나올 정도로 충분히 줍니다.
겨울철에는 아주 조심스럽게 물을 주세요. 뿌리막힘이 생기면 밑동과 가까운 잎이 떨어지므로 1~2년에 한 번은 분갈이를 해줍니다.

절반에만 흰색 얼룩이 있는 것을 '하프문'(왼쪽) 잎 전체에 얼룩이 있는 것을 '풀문'이라고 한다. 가끔은 얼룩이 하나도 없는 신비로운 고스트(오른쪽)가 나오기도 한다. 다양한 잎이 나오는 것을 보는 것도 키우는 재미.

흰색 얼룩 부분은 개체차가 있어 잎 한 장 한 장이 다르다.
흰색과 초록색, 약간의 핑크가 산뜻.

잎 뒷면의 보라색도 특징.
잎이 커지면 초록색, 흰색, 보라색, 세 가지 색이 아름답다.

03
부드러운 곡선을 이루는 가지가 아름다워요

휘카스 움베르타 Ficus umbellata

높이 : 약 165cm

뽕나무과. 열대 아프리카가 원산지인 하트 모양 잎이 사랑스러운 인기 식물. 반그늘을 선호하며 레이스 커튼 너머로 햇빛이 들어오는 창가나 오전에만 직사광선이 비치는 곳을 추천합니다.

실온이 15도 이하일 때는 물을 주지 말고 단수 느낌으로 관리합니다. 잎에 먼지가 쌓이기 쉬우니 분무기로 잎에 물을 자주 뿌려주세요. 잎 뒷면까지 확실하게 분무해주면 병해충의 발생을 막을 수 있습니다. 통풍이 안되면 병해충 발생의 원인이 되므로 통풍에도 주의!

흰 극락조화 Strelitzia augusta

높이 : 약 170cm

극락조화과. 매우 키우기 쉬운 품종으로 바나나같은 큰 잎 때문에 열대 지방의 분위기를 연출할 수 있어요. 반그늘도 괜찮지만 직사광선이 닿지 않는 밝은 곳에 두어야 잎에 윤기가 납니다. 물은 겉흙이 마르면 화분 바닥으로 스며나올 정도로 충분히 줍니다.

양호한 환경에 두면 활발하게 뿌리를 내리기 때문에 화분에 뿌리가 꽉 찰 수도 있습니다. 2~3년에 한 번은 분갈이해주세요.

알타시마 고무나무 Ficus altissima
높이 : 약 190cm

밝은 초록색에 노란색 무늬가 있는 잎이 특징입니다. 내음성이 다소 있어 직사광선이 어느 정도 들어오는 창가라면 좋습니다. 허약해진 것 같으면 2~3일 정도 야외 그늘에서 일광욕을 시켜주세요.

물은 봄과 여름에는 겉흙이 마르면 충분히 주고 겨울에는 일주일에 1~2회가 기준. 정기적으로 잎에 분무기로 물을 뿌려주면 진드기 발생을 막을 수 있어요.

고무나무 수액은 피부에 직접 닿으면 피부염이나 두드러기 등이 생길 수 있습니다. 라텍스 알레르기가 있거나 불안하다면 가지치기 등을 할 때 장갑 등을 사용하여 수액이 피부에 직접 닿지 않도록 주의하세요.

에버프레쉬 Cojoba arborea var. angustifolia
높이 : 약 240cm

콩과 식물로 어느 정도 내음성은 있지만 일조량 부족은 시드는 원인이 되기도 하므로 햇볕이 잘 드는 창가에서 관리합니다. 봄~가을에는 겉흙이 마르면 충분히 물을 주고 기온이 낮아지면 물이 별로 필요하지 않으므로 겉흙이 완전히 마르고 나서 2~3일 후에 주면 됩니다.

물을 좋아하기 때문에 늘 물마름에 주의합니다. 같은 콩과의 자귀나무와 마찬가지로 밤이 되면 잎을 닫고 잠든 것 같은 상태가 됩니다. 야간에 잎에서 수분이 증발하는 것을 방지하기 위한 것으로 알려져 있습니다.

아프리칸 프린스 고무나무 Ficus African Prince

높이 : 약 200cm

뽕나무과로 부드러운 빛이 들어오는 통풍이 잘 되는 곳에서 관리하세요. 에어컨 바람이 닿는 곳은 피합니다. 비교적 어두운 곳에서도 자라지만 너무 어두우면 잎 색이 옅어지거나 몸통이 자라지 않게 됩니다.
물은 겉흙이 마르면 화분 바닥으로 새어 나올 때까지 충분히 주고 겨울 동안은 서서히 횟수를 줄입니다. 받침에 고인 물은 뿌리가 썩는 원인이 되므로 버릴 것. 고무나무 중에서는 굉장히 키우기 쉬운 품종.

MEMO

\ 중형 관엽식물을 행잉 /

매달기만 해도 밋밋했던 공간이 금세 세련된 공간으로 변신

조금 큰 다육식물을 매달면 도시적인 느낌을 주어 매우 멋스럽습니다. 카페나 레스토랑에서도 흔히 볼 수 있을만큼 인기있는 인테리어. 집안을 조금 더 초록으로 채우고 싶다면 약간 큼직한 식물을 매달아보세요. 강력 추천합니다!

생선뼈 선인장
Selenicereus anthonyanus

봄가을형. 선인장과 공작 선인장 속. '지그재그 선인장' '피시본 칵투스'라고도 부릅니다. 직사광선이 비치지 않는 햇볕이 잘 드는 장소를 선호. 잎끝이 가늘고 약해진다면 일조량 부족 때문.
봄가을에는 흙이 마르면 듬뿍. 여름에는 생육이 무뎌지므로 겉흙이 마른 후 1~2일 후에 주고 겨울에는 휴면기이므로 거의 단수합니다. 포기가 커지면 초여름에 꽃을 즐길 수 있어요.

립살리스 푸니세오 디스커스
Rhipsalis puniceodiscus

봄가을형. 선인장과 립살리스속. 가늘게 가지가 갈라져 나가면서 늘어지게 자랍니다. 옆으로 퍼지지 않기 때문에 좁은 공간에 두어도 압박감을 주지 않습니다.
직사광선을 싫어하므로 커튼 너머 밝은 그늘에서 키우는 것이 가장 좋습니다. 물은 적게 줍니다.
생육기인 봄과 가을에는 화분 흙이 마르고 3일 후, 오전 중에 듬뿍. 여름에는 저녁에 아주 조금. 겨울에는 따뜻해질 때까지 삼가고 가끔 잎에 물을 뿌려줍니다.
개화 시기가 되면 잎끝에 귀여운 꽃을 피웁니다.

【 BASIC PLANTING METHOD 】

기본 분갈이법 | 1 | 중형 관엽식물

5호에서 7호로!

한 단계 큰 화분에 옮겨 심으면 '뿌리 막힘'이 해결되지요. 식물은 다시 쑥쑥 자라기 시작합니다.

화분에 비해 잎의 볼륨이 너무 크고 뿌리가 꽉 차 있을 가능성이 있다.

\ START /

1 물빠짐 구멍이 가려지는 크기로 깔망을 잘라 구멍 위에 놓는다. 화분 밑돌을 넣는다.

3 분갈이 막대로 표면을 깎아내듯 흙을 떨어뜨린다.

준비물

식물(몬스테라), 새 화분, 화분 깔망, 화분 밑돌, 관엽식물용 배양토, 모종삽, 분갈이 막대(나무젓가락으로도 가능).

【 편리한 아이템 】
망치

2 밑동을 부드럽게 잡고 화분에서 식물을 뽑아낸다. 뿌리가 얽혀서 나오지 않을 때는 화분 테두리를 손으로 두드린다.

그래도 안 나오면 망치로 가볍게 두드린다.

4 뿌리 사이에 분갈이 막대를 끼워 넣고 흙을 떨어뜨리면서 뿌리를 절반 정도 풀어 준다.

5 일단 새 화분에 넣어 뿌리 밑으로 들어가는 흙의 양을 체크.

6 새 화분에 흙을 담는다. 화분에 뿌리를 넣었을 때 밑둥이 화분 테두리에서 2cm 정도 아래가 되도록 한다. 이 공간이 없으면 물을 줄 때 물이 넘친다.

7 식물을 넣고 뿌리와 화분 사이로 흙을 넣는다.

8 분갈이 막대를 군데군데 꽂은 다음 좌우로 흔들면 안쪽까지 흙을 넣을 수 있다.

내부의 틈새로 골고루 흙이 들어가면 표면이 함몰된 것처럼 된다. 여기에도 흙을 더 넣는다.

9 희석한 활력제를 넣은 물을 화분 구멍에서 물이 흘러나올 때까지 듬뿍 준다.

※활력제는 분갈이로 식물이 받은 스트레스를 경감, 회복을 앞당긴다.

10 잎의 균형이 맞지 않으면 밑둥 쪽부터 줄기를 잘라 모양새를 정돈하면 완성.

※줄기 자르는 법은 117쪽을 참고

\ FINISH /

8호에서 10호로

【 BASIC PLANTING METHOD 】

기본 분갈이법 | 2 | 대형 관엽식물

기본은 중형과 같아요. 화분 안이 뿌리로 꽉 차서 부드럽게 빠지지 않는 경우도 종종 있습니다.
소소하지만 알아두면 편리한 '화분에서 뿌리를 뽑아내는 요령'을 알려드립니다.

준비물

식물(알타시마 고무나무 Ficus altissima) 화분깔망, 화분 밑돌, 관엽식물용 분갈이흙, 모종삽.

【 편리한 아이템 】
팔레트칼, 원예용 갈퀴, 망치

윗부분이 무거워서 균형이 맞지 않는다.
뿌리도 답답해보인다.

\ START /

1 화분 테두리를 주먹 쥔 손으로 두드린다. 이렇게만 해도 화분과 뿌리에 틈이 생겨 쉽게 빠질 수도 있다.

2 1에서 뿌리가 빠지지 않을 때는 화분과 분형근 사이에 팔레트칼을 꽂고 화분을 따라 한바퀴 돌린다

3 2에서도 빠지지 않으면 화분 테두리를 망치로 화분이 깨지지 않을 정도의 힘으로 두드린다. 대개는 이렇게 하면 빠진다.

4 화분에서 쏙 빠져나온 분형근. 뻗은 뿌리가 빽빽하게 감겨있다. 이래서는 물이나 양분을 빨아들일 수 없다

5 원예용 갈퀴를 이용하여 분형근 표면에서 흙을 긁어낸다.

6 분형근을 반쯤 풀어주면 OK.

7 새 화분의 물구멍에 깔망을 놓고 화분 밑동을 깔망이 보이지 않을 때까지 깐다.

11 뿌리의 위치가 정해지면 흙을 넣는다.

13 표면의 흙이 움푹 패이면 흙을 더 넣어 구석구석까지 골고루 들어가도록 한다.

8 새 화분에 식물을 넣어 흙이 어느 정도 필요한지 체크한다. 밑동이 화분 테두리에서 2cm 정도 아래로 내려오도록 한다.

12 뿌리와 화분 사이에 분갈이 막대(나무 젓가락으로도 가능)를 꽂고 군데군데 찌르면서 흙을 아래쪽으로 넣는다.

14 희석한 활력제를 넣은 물을 물구멍에서 물이 흘러나올 때까지 듬뿍 준다.

9 분갈이흙을 넣는다. 일단 식물을 화분에 넣고 높이를 보면서 흙의 양을 조절한다.

10 식물을 화분에 넣고 가지 끝이 뿌리 바로 위쪽에 오도록 위치를 조절한다.

\ **FINISH** /

15 흐트러진 가지를 잘라낸다.

※가지치기는 116쪽을 참고하세요.

중형 & 대형 관엽식물 관리 포인트

'식물의 특성'과 '장소'의 궁합이 중요
특별한 관리 없어도 쑥쑥!

혼자 옮길 수 있는 크기가 식물 선택 포인트

'큰 식물은 키우기 어려울 것 같다'라고 생각하기 쉽지만 일조와 물 주기 등 기본 방법은 작은 관엽식물과 같습니다. 다른 점은 '식물의 키가 크다', '화분이 크다', '흙의 양이 많고 무거워서 이동이 어렵다'의 3가지. 무엇보다 '혼자 옮길 수 있는 크기'인지가 중요해요. 어디 둘 것인지 구입 전에 정해두어야 하고요. 크기 때문에 존재감도 커서 인테리어 아이템의 역할도 톡톡히 합니다. 우리집 심볼트리가 있으면 집에서 보내는 시간이 따뜻하고 행복해집니다.

두는 곳

중형 & 대형 관엽식물의 경우, 어디에 둘지를 정한 다음 식물을 선택하세요. 가볍고 작은 관엽식물과 달리 중형 & 대형 관엽식물은 쉽게 옮길 수 없습니다. 일단 둘 장소를 정하면 움직일 필요가 없는 곳이 이상적입니다.
햇볕과 통풍, 에어컨 바람이 닿는지 여부를 확인하고 환경에 맞는 식물을 찾습니다. 또한 공간 넓이와 식물과의 균형도 중요.
잎이 큰 식물은 넓은 공간에 어울립니다. 작은 공간에 두면 압박감이 생겨 더 좁게 느껴집니다.
반대로 잎이 가는 식물은 잎 사이로 배경이 보이기 때문에 작은 공간에서도 압박감이 덜합니다.

물 주기

봄~여름에는 겉흙이 마르면 물빠짐 구멍으로 물이 흐를 정도로 충분히 줍니다. 여름에는 물을 잘 흡수해서 건조도 빠르므로 물 마름에 주의. 겨울에는 물이 많이 필요하지 않으니 횟수를 줄입니다.
물을 너무 많이 주면 뿌리 부패의 원인이 되기도 합니다. 화분 받침에 고인물은 꼭 버릴 것. 건조할 때는 잎에 분무해주는 것도 효과적. 해충방제도 됩니다.

겉흙이 말라있는 상태. 가볍고 배수가 잘되는 입상배양토를 사용.

멀칭

멀칭이란 화분의 흙 표면을 원예 자재로 덮는 것. 흙의 건조를 방지할 뿐만 아니라 스타일리시한 연출 효과도 있습니다. 바크칩, 코코넛 화이버, 삼베 등 멀칭 소재도 다양합니다. 흙이 건조해졌는지 확인이 어렵기 때문에 들추면 바로 흙이 보일 수 있도록 깔거나 부지런히 마른 정도를 확인해주세요.

삼베를 아무렇게나 말아 화분 흙 위에 올려 놓는 것만으로 센스업!

비료

액체 비료(액비)에는 그대로 쓸 수 있는 타입과 물로 희석해서 쓰는 타입이 있습니다. 속효성이 뛰어나지만 효과는 지속되지 않습니다. 고형 비료는 겉흙에 놓는 입자 모양의 비료로 물을 줄 때마다 조금씩 녹기 때문에 느리지만 지속성이 있습니다.
비료를 주는 타이밍은 4~9월. 뿌리를 손상시킬 수 있으므로 희석배율과 횟수를 지키세요. 바닥 난방 등으로 실내가 따뜻해서 겨울에도 식물이 계속 성장하기도 하므로 이때는 비료를 줘도 괜찮습니다.

고형비료
뿌리에 닿지 않게 흙 위에 놔두면 된다. 지속 기간도 1~2개월로 길다.

액체비료
식물의 상태에 맞게 농도와 빈도를 조절하여 쓴다.

식물과 화분 크기

혼자 옮길 수 있는 화분은 대략 10호까지. 화분이 커질수록 흙도 많이 들어가기 때문에 무게도 늘어납니다. 겉 모양은 테라코타지만 플라스틱 화분 등 고급스러우면서 가벼운 화분도 많이 나오니 찾아보세요.

분갈이

중형 & 대형 관엽식물의 '분갈이'에는 두 가지 목적이 있습니다. 하나는 '성장에 맞춰 큰 화분으로 바꿔주는 것'이고 다른 하나는 '화분의 크기를 바꾸지 않고 현재의 크기를 유지하는 것'입니다. 식물은 키가 커질 뿐만 아니라 뿌리를 잔뜩 뻗기 때문에 화분 안이 꽉 차버립니다. 그러면 수분이나 비료도 흡수할 수 없습니다. 이것을 '뿌리 막힘'이라고 합니다.
그래서 2~3년에 한번은 한 단계 큰 화분으로 분갈이가 필요합니다. 기운이 없어 보이거나 화분 물빠짐 구멍으로 뿌리가 튀어나와도 분갈이 타이밍. 분갈이는 생육이 왕성한 봄~가을, 15도 이상일때에 하세요. 식물이 휴면하는 겨울은 피하는 것이 좋아요.
구입했을 때의 식물 크기를 유지하고 싶다고 해도 분갈이가 필요합니다. 거주지에 따라서는 더 자라면 키우기 어려운 경우도 있으니까요. 그래서 가지와 뿌리를 자르는 작업을 합니다.
뿌리를 작게 만든 다음, 원래 화분에 다시 심습니다. 새로운 가지와 뿌리가 나와서 식물을 처음 구입했던 때의 크기로 건강하게 유지할 수 있습니다.

뿌리가 화분 안에 꽉 들어찬 상태. 분갈이해서 물과 양분을 쉽게 빨아들일 수 있도록 만들어 준다.

중형 & 대형 관엽식물은 화분만큼 흙의 양도 많다

식물은 공간 분위기를 좌우하는 큰 요소. 공간의 스타일에 맞는 수형, 잎과 화분의 색깔을 생각하면서 식물을 찾는 것은 즐거운 일입니다. 하지만 무게는 중요합니다. 화분이 커지면 흙의 양도 늘어납니다. 어느 정도의 무게를 감당할 수 있을지 고민해보아야 합니다. 화분 두께와 높이에 따라 필요한 흙은 달라지지만 일반적인 기준을 소개합니다.

6호 화분	7호 화분	8호 화분	9호 화분	10호 화분
지름 약 18cm	지름 약 21cm	지름 약 24cm	지름 약 27cm	지름 약 30cm
필요한 흙의 양 2.3ℓ	필요한 흙의 양 3.6ℓ	필요한 흙의 양 5.4ℓ	필요한 흙의 양 7.7ℓ	필요한 흙의 양 10.6ℓ

COLUMN 2

언제까지나 아름다운 모습을 유지하는 법

식물은 살아있습니다. 관리해주지 않으면 가지는 제멋대로 뻗어나가고 잎은 정신없이 무성해집니다. 그러면 햇빛을 제대로 받지 못하게 되어 시들어버립니다. 우리가 미용실에 가서 정기적으로 머리를 다듬고 손질하는 것처럼 식물도 애정을 가지고 관찰하고 세심하게 다듬어주세요.

기본 가지치기

열심히 키웠는데 아깝다고 생각해서 성장하는 잎이나 가지를 잘라내는 것에 거부감을 느끼는 경우가 있습니다. 하지만 안심하세요. 여분의 가지와 잎을 잘라내면 오히려 성장이 촉진되어 더욱더 건강해집니다. 게다가 가지와 잎이 말끔하게 정리되면 통풍이 잘 되고 영양이 골고루 퍼져 전체적인 균형도 좋아져요. 가지치기는 성장기인 4~7월에 할 것. 가지치기 후에 햇볕이 잘 드는 곳에 두면 성장이 촉진되어 금방 건강한 새싹이 돋아납니다.

1 가지가 너무 빽빽하게 모여있는 곳을 찾아 마디를 남기고 잘라낸다. 마디를 남겨두면 다음 싹이 트기 쉽다.

2 가지치기 후에는 비료를 주고 밝은 창가나 실외의 반그늘에서 관리.

퍼진 줄기를 자른다

성장하며 줄기가 많아지면 잎이 퍼져 전체적인 균형이 흐트러지기 때문에 관리가 안된 야생적인 느낌이 들기 쉽습니다. 줄기가 늘어나면 줄기를 밑동부터 잘라냅니다. 한두 개만 잘라도 인상이 많이 달라집니다. 잎이 시들었을 때도 똑같이 잘라주세요.

1 여분의 줄기 부분만 손으로 잡고 잘라내기 쉽도록 앞으로 쓰러뜨린다.

2 밑동 거의 끝부분에서 줄기를 잘라낸다.

3 밑동이 깔끔해졌다. 잎사귀도 쭉 위쪽을 향하게 되어 산뜻하다.

수형과 사이즈도 그대로 유지

성장하는 관엽식물이지만 주거 공간에 따라 그다지 크게 키우고 싶지 않은 경우도 있습니다. 천장에 닿을 정도로 커버리면 집에 놓아두는 것조차 무리가 되어버립니다. 가능하다면 구입했을 때의 크기면 좋겠다고 생각한다면 뿌리의 일부를 잘라내는 방법을 추천합니다.

1 분갈이할 때와 똑같이 화분에서 식물을 꺼내 흙표면부터 뿌리를 풀어준다. 분형근이 너무 단단하다면 분갈이 막대나 원예용 갈퀴로 찔러주면 풀기 쉬워진다.

2 분형근 밑부분부터 뿌리를 풀면서 흙을 털어준다.

3 분형근의 뿌리가 절반 이상 풀리면 OK. 뿌리는 가위로 싹 잘라도 괜찮다. 다시 식물을 원래 화분에 넣어 분갈이할 때와 마찬가지로 흙을 넣는다. 흙은 새것으로 넣어준다.

난처한 일이 생겨도 당황하지 않는다!

자주 물어보는
관엽식물 Q&A

식물을 구입할 때나 키우다가 '이럴 때는 어떻게 해야 할까?'라는
고민이 생길 때가 있어요. 궁금한 것을 원예 전문가에게 물어보았습니다.

원예 전문가
홋타 야스히로 씨

하치오지에 있는 화원, 그린 갤러리 가든스 점장. 화초 등의 구입도 담당하고 있다. 초보자도 간단하게 만들 수 있는 모아심기나 관리가 편한 꽃 모종 선택에 대한 감수 등. 원예잡지에도 기고하고 있다.

그린 갤러리 가든스 http://gg-gardens.com/

구입할 때의 고민

Q1 식물을 구입할 때 주의점은?

화원에서 구입할 때는 잎 색깔이 짙은 것, 잎끝부분이 깔끔한 것, 포기가 탄탄한 것을 선택합니다. 흙에 잡초는 없는지 곰팡이는 없는지, 벌레가 붙어있지 않은지도 체크해서 상태가 좋은 것을 고르세요.
온라인몰에서 구입할 경우에는 사진으로 판단하지 말고 사이트에 소개된 식물을 키우는 방법, 관리법을 체크. 식물의 키나 화분 크기 등, 궁금한 점을 판매자에게 문의해 보세요.

Q2 중형이나 대형 관엽식물을 살 때 주의점은?

우선 크기가 어느 정도의 식물이 좋은지, 방이 꽉 차지 않는지 등, 실제로 식물을 놓았을 때를 상상해보세요.
바닥에서 천장까지의 높이를 재보는 것도 키가 큰 식물을 고르는데 도움이 됩니다. 앞으로 그 식물이 얼마나 성장하게 되는지 가게 직원과 상담해보세요.

장소에 관한 고민

Q3 '햇볕이 잘 든다', '반그늘', '그늘'은 어떻게 판단하나요?

일조에 대한 감각은 사람과 같습니다. 낮에 불을 켜지 않고도 책을 무리없이 읽을 수 있으면 반그늘. 낮에 불을 켜야 책을 읽을 수 있는 상태라면 그늘. 두는 장소 설명에서 자주 나오는 말이니까 참고하세요.
식물은 햇빛이 반드시 필요하다. 가끔씩 창가에 갖다 놓는 등 햇빛을 쬐게 할 방법을 고민해 보자.

Q4 마당이 없다. 실내에서 물을 충분히 줄 수 있는 법이 있을까요?

베란다가 있으면 베란다에서 줍니다. 한여름 햇볕이 강할 때나 겨울철 바깥 기온이 10도 이하일 때는 목욕탕이나 세면대에 화분을 놓고 물을 주세요.
이동이 어려운 중형이나 대형 관엽식물은 화분 받침에 물이 고일 정도로 충분히 물을 줍니다. 너무 많이 주면 넘치니까 주의. 받침에 물이 남아 있으면 뿌리가 과습 상태가 되어 뿌리 부패의 원인이 되므로 받침의 물은 반드시 버립니다.

Q5 통풍이 잘 되는 환경은 어떻게 만드나요?

통풍이 잘되는 환경은 식물의 잎(특히 뒷면)에 있는 광합성과 호흡에 필수 역할을 담당하는 기공을 개폐시킵니다. 바람과 공기가 흐르는 환경은 광합성과 호흡을 촉진할 뿐 아니라 온도 조절과 뿌리의 수분 흡수를 증진시키는 '증산'을 촉진하는 효과도 있습니다. 낮에 창문을 열 수 없을 때는 환풍기나 소형 서큘레이터를 이용하여 실내 식물에게 바람이 가도록 해주세요.

Q6 햇빛이 전혀 들지 않는 곳에서는 키우지 못할까요?

조명을 켜면 햇빛을 대신할 수 있다고 생각하기 쉽지만 조명은 햇빛과는 달라서 식물이 광합성을 하지 못해 결국 시들어버립니다. 하지만 최근에는 성능이 좋은 가정용 식물등이 판매되고 있기 때문에 시도해보는 것도 추천합니다.

Q7 목욕탕에 두는 것도 괜찮을까요?

고온다습과 그늘을 선호하는 환경으로만 보면 욕실에 적합한 식물도 있습니다. 햇빛이 잘 들고 통풍이 원활한 욕실이라면 스킨답서스, 아디안텀 고사리 등이 그렇습니다. 그러나 습기를 아무리 좋아하는 식물이라도 무더운 상태가 지속되는 것은 좋지 않습니다. 곰팡이가 발생할 수 있으니 목욕시간 외에는 창문을 열어 주세요.
만약 창문이 없으면 환풍기로 환기를 시키세요. 최저기온이 10도를 밑돈다면 따뜻한 곳으로 옮기세요. 목욕할 때만 식물을 목욕탕으로 가지고 들어가는 것도 간편하게 식물을 즐기는 아이디어.

돌볼 때의 고민

Q8 겨울철 온도차가 심한 곳에서 주의할 것은?

낮에는 따뜻한데 밤에는 추워지는 경우도 자주 있습니다. 창가는 낮 동안은 해가 비치기 때문에 20도 정도 되지만 밤이 되면 냉기가 스며들어 5도 이하가 될 수도 있습니다. 하루 중에 15도나 차이가 나면 식물은 결국 쇠약해지므로 온도차는 10도 이내로 하는 것이 좋습니다.
낮에는 햇볕이 잘 드는 창가에 두고 밤에는 중앙으로 이동시키거나 비닐봉지나 골판지 상자를 씌워 보온하는 등 아이디어로 식물을 돌보세요.

Q9 물 주기의 기준은?

물을 듬뿍 주었을 때 화분의 무게를 기억해두고 가벼워졌을 때 물을 준다 등 타이밍을 정하는 것도 좋습니다.
기준은 4호 화분까지는 1컵 정도, 5~8호 화분은 500㎖ 정도, 9호 이상은 1ℓ 정도입니다.

Q10 부재중이거나 여행 중일 때 주의해야 할 것은?

가장 문제는 물 주기. 방법은 건조에 강한 식물을 선택하여 약간 큰 화분에 심는 것입니다. 흙의 양이 넉넉하기 때문에 물 주기 횟수를 줄일 수 있습니다. 3~4일 정도라면 물을 충분히 준 후에 그늘에 두면 건조 속도를 늦출 수 있습니다. 일주일 이상 집을 비울 경우엔 시판 급수기를 이용하는 법도 있습니다. 페트병에 장착한 후에 흙에 꽂아 물을 줄 수 있는 타입의 급수기를 균일가숍에서도 판매하고 있습니다.

Q11 장마철부터 한여름에 주의할 것은?

식물에게는 가혹한 계절로 환경의 변화를 따라가지 못하고 시들어버리는 경우도 많습니다. 식물에 따라서는 페페로미아처럼 기온이 30도를 넘으면 휴면하고 물을 그다지 필요로 하지 않는 종류도 있어요.

물 주기는 횟수보다 화분 겉흙이 말라있는지를 확인한 후 주는 것이 중요합니다. 그 식물이 어떤 환경을 좋아하는지 찾아보세요. 광합성을 위해 햇빛도 필요합니다. 하지만 한여름의 강한 햇빛은 잎화상의 원인이 됩니다. 오전 10시부터 오후 4시 정도까지는 그늘로 대피시키는 것이 좋습니다. 창문 근처 통풍이 잘 되는 장소에 둔다면 레이스 커튼 등으로 햇빛을 조절하세요.

Q12 대형 관엽식물의 화분이 무거워서 옮기기 어렵다면?

최근에는 가볍고 디자인도 뛰어난 유리 섬유 소재와 부직포로 만든 화분 등도 나오고 있습니다. 화분의 소재를 재검토하여 경량화를 추진하세요.

쉽게 옮기고 싶을 때는 바퀴 달린 화분 커버나 화분 받침대에 올려놓는 것도 추천. 바퀴 달린 화분 커버를 사용할 때는 물빠짐 구멍이 없기 때문에 화분 커버에서 꺼낸 후에 주는 것이 좋습니다.

Q13 관엽식물용 흙만 써야 하나요?

관엽식물용 배양토는 열대에서 아열대의 건조한 지역에 서식하는 관엽식물에게 적합하게 만들어진 가볍고 배수가 잘 되는 흙입니다. 벌레도 잘 생기지 않기 때문에 실내 재배에 추천합니다. 남은 흙은 다음 분갈이 때 사용할 수 있습니다. 봉투 그대로 입구를 잘 봉해서 습하지 않은 곳에 보관.

식물 상태에 관한 고민

Q14 비료를 줬는데도 기운이 없다면?

비료를 너무 많이 줘서 식물이 약해질 수도 있어요. 과도하게 비료를 주면 식물이 비료를 다 흡수하지 못해 뿌리가 손상되거나 질병에 걸리기 쉬워지거나 벌레가 생길 수도 있습니다.

많이 준다고 해서 반드시 더 크게 성장하는 것은 아닙니다.

Q15 잎이 떨어진다거나 잎화상을 입었다면?

환절기에는 식물도 상태가 나빠지기 쉽습니다. 원인은 주로 '물 부족, 또는 과습' '일조량 부족'입니다. 흙이 말라있으면 물을 주고 습하면 물 주기는 스톱.

햇빛이 들지 않으면 두는 장소를 바꿔서 상황을 지켜봅니다. 또한 강한 햇빛에 잎화상을 입었다면 노란색이나 검은색이 된 잎은 잘라내고 직사광선을 피해 옮겨줍니다.

Q16 뿌리가 썩으면 다시 못 살리나요?

'흙이 잘 마르지 않는다.' '식물의 밑동이 검게 변했다' '잎색깔이 나쁘다(변색되었다)' '흙에 곰팡이가 피었다' 등의 증상이 있다면 뿌리 부패의 가능성이 있습니다. 이런 상태가 되면 식물을 조심스럽게 흙에서 뽑아내어 흙을 제거한 다음 썩은 부분이나 변색된 부분을 가위로 잘라 새 흙으로 옮겨 심습니다.

분갈이한 후에는 소량의 물을 주고 새싹이 돋을 때까지 밝고 통풍이 잘되는 그늘에 놓아둡니다. 새싹이 나오면 뿌리가 다시 살았다는 증거. 식물에 적합한 환경으로 옮기세요. 좀처럼 싹이 나오지 않을 때는 안타깝지만 포기해야 합니다.

해충 관련 고민

Q17 실내에서의 해충 대책은?

두는 장소와 식물의 상태 등 다양한 요인으로 해충이 발생할 수 있습니다. 관엽식물에 발생하기 쉬운 것은 크게 아래 세 종류입니다.

- **깍지벌레(개각충)** | 식물의 수액을 빨아 먹는데 많이 생기면 식물에 손상을 입힘과 동시에 투명하고 흰색 분비물이 나와 잎을 끈적이게 합니다. 또한 이 수액을 영양원으로 하는 곰팡이가 생겨 검은 그을음처럼 잎을 덮는 '그을음 병'이 발생합니다.
- **응애** | 성충이 되면 적갈색이 되는 진드기로 잎 뒷면 등에 기생. 수액을 빨아먹기 때문에 피해가 진행되면 잎색깔에서 녹색이 빠지면서 잎에 뿌옇게 거미줄같은 자국이 생깁니다.
- **가루이 무리** | 흰색 작은 벌레로 잎을 흔들면 어지럽게 날아다닙니다. 피해가 진행되면 응애와 마찬가지로 잎의 초록색이 빠져 버립니다. 환기를 자주 하고 분무기로 잎에 물을 뿌려주고 젖은 수건으로 잎 표면을 닦아주며 자주 체크해보세요. 잎 뒷부분도 잊지 말고 확인.

Q18 해충 발견! 어떻게 해야 하나요?

해충을 발견하면 우선 행주나 칫솔 등을 이용하여 제거합니다. 그리고 살충제를 뿌립니다. 실내 살포는 엄금이므로 약제를 사용할 때는 식물을 반드시 야외로 옮겨 뿌리세요. 또 잎이나 가지, 줄기 등의 표면이 검은 그을음 같은 것으로 뒤덮이는 '그을음병'에 걸렸으면 해당 살균제를 살포합니다.

깍지벌레, 응애, 가루이무리와 같은 흡즙성 해충은 작아도 번식력이 왕성하여 단기간에 개체수가 증가합니다. 조기 발견 및 방제를 통해 피해를 최소화하는 것이 중요.

하루 1~3회 분무기로 잎에 물을 뿌리고 잘 닦아주는 매일의 관리가 식물을 건강하게 키우는 포인트입니다.

Q19 흙에서 날파리가 나왔어요. 어떻게 해야하나요?

햇볕이 안 들고 통풍이 잘 되지 않는 상태에서 흙 표면을 항상 습한 상태로 두면 썩은 유기물을 먹이로 하는 날파리 유충이 자라기 쉽습니다. 살충제 스프레이를 직접 분사하는 것이 일반적인 방법. 약제를 쓰고 싶지 않다면 날파리는 화분 흙 표면에 알을 낳기 때문에 그 부분의 흙을 제거하고 무기질인 적옥토를 위에서 덮어주세요. 제거한 흙은 알이 부화하지 않도록 살충제를 뿌린 다음 처분.

Q20 흙에 곰팡이 발생! 어떻게 해야 하나요?

관엽식물의 흙에는 영양이 많고 물로 항상 축축합니다. 고온다습하거나 그늘, 통풍이 잘 안되면 곰팡이가 번식하기 쉬워요. 보이는 곳 이외에도 곰팡이가 피어 있을 가능성이 있으므로 배양토 등 유기퇴비 배합이 적은 흙으로 전체를 바꿔주는 것이 좋습니다.

같은 화분을 쓴다면 소독 후에 사용하세요. 플라스틱 화분이라면 물과 표백제를 넣은 양동이에 담가주고 토분은 뜨거운 물을 뿌린 후에 완전히 말리세요.

살충제는 반드시 야외에서 뿌리세요.

시작해요! 식물생활

1쇄 펴낸날 2023년 6월 15일

지은이 주부의 벗사 편집부
옮긴이 김수정
펴낸이 정원정, 김자영
편집 홍현숙
디자인 패러그래프

펴낸 곳 즐거운상상
주소 서울시 중구 충무로 13 엘크루메트로시티 1811호
전화 02-706-9452
팩스 02-706-9458
전자우편 happydreampub@naver.com
인스타그램 @happywitches
출판등록 2001년 5월 7일
인쇄 천일문화사

ISBN 979-11-5536-197-9 13520

* 이 책의 모든 글과 그림, 디자인을 무단으로 복사, 복제, 전재하는 것은 저작권법에 위배됩니다.
* 잘못 만들어진 책은 서점에서 교환하여 드립니다.
* 책값은 뒤표지에 있습니다.
* 전자책으로 출간되었습니다.

はじめよう! 観葉生活
© SHUFUNOTOMO CO., LTD. 2022
Originally published in Japan by Shufunotomo Co., Ltd
Translation rights arranged with Shufunotomo Co., Ltd.
Through Botong Agency.

이 책의 한국어판 저작권은 Botong Agency를 통한 저작권자와의 독점 계약으로 즐거운상상이 소유합니다. 신저작권법에 의하여 한국 내에서 보호를 받는 저작물이므로 무단전재와 무단복제를 금합니다.